石川文洋著

日本縦断 徒歩の旅

―65歳の挑戦―

岩波新書

891

目　次

序　章　なぜ縦断徒歩の旅か……………………1
新聞配達少年の夢／戦争の中で歩く／ウォーキング開始／散歩とウォーキング／徒歩縦断の動機／なぜ、日本縦断か／なぜ、日本海沿岸か／出発時期と期間／旅行費／仕事／旅仕度／宿泊

第一章　自然の美、人情の美――北海道……………………17
宗谷岬へ／縦断スタート／タコの足／荷物整理／辻元逮捕の報／喉の渇き／旅館に弁当の交渉／「エライことを考えたな」／昆布漁／イラク特措法／居酒屋での夕食／三つの誓い／ドラマのセット／テント舞台／宿が決まらない／Yさんの救い／小樽の感動／石原裕次郎館／子どもたちの励まし／稲穂トンネル／メロンの収穫／衰退する酪農／寝台車／高校野球／北海道七三〇キロ踏破／フェリーの甲板

第二章　移りゆく日本を見る――東北・北陸 ……………… 61
国連への自爆攻撃／五能線／風合瀬漁港／秋田県／沖縄修学旅行研修会／八郎潟の水田／友情を育てる教育／サイン／土門拳記念館／塩づくり／十日市／「アフガン」校了／阪神優勝／セネガルのバー／召集令状／旅の中間点／緊張の連続／テレビ中継中止／元気なパチンコ店／妻の支援／旅の記録／小松基地の騒音／甘い雨／開高健さんとの出会い／原発事故／落とした帽子／旅一番の夕食

第三章　ファインダーの向こう側に――近畿・山陰 ……………… 129
拒絶反応／ベトナムでの恩人／第二の青春時代／源義経／栄正丸と大乗寺／はじめて見る砂丘／「大山でごわす」／六五はまだまだ若い／母への思い／『写らなかったヒロシマの嘘』／少女たちの励まし／国道9号／八三年の集中豪雨／ツワブキ／花子さんの「元気の素」／インタビュー／本州縦断なる

第四章　歩きながら考える「平和」――九州・沖縄 ……………… 163

関門トンネル／気ままな天候／能古島／定年後の人生／トイレ利用／子どもの好奇心／一ノ瀬泰造の母／穴のあいたカメラ／楼門／普賢岳／深江町の復興／笑顔であいさつ／沖縄からの疎開先を訪ねて／トンネル回避／水俣病資料館／出水のツル／感動が人生の喜び／遊びの気持ち／「タッチュー」を見て実感／「祖国復帰闘争碑」／ヒルギの群落／基地はいらない／平和を学ぶ／最終日

終　章　三三〇〇キロを歩き終えて……217
再発見の旅／健康について／美しい国／アドバイス／人生の旅はつづく

ミニ・エッセイ
コンビニ利用法(25)／人の善意をいただく(54)／沖縄人との出会い(68)／旅の先輩たち(79)／道路とトンネル(90)／酒と宿(99)／子どもの挨拶(118)／足の痛みと靴(138)／働くことが元気の素(155)／ポイ捨て(165)／日本は豊かなのか平和なのか(206)

稚内市
宗谷岬 2003 年
7/15 スタート
豊富町
遠別町
留萌市
小樽市
岩内町
新十津川町
札幌市 8/4
長万部町
森町
函館市
千畳敷
青森市 8/19
能代市
秋田市 9/1
象潟町
酒田市
金沢市
柏崎市
鶴岡市
糸魚川市
新潟市
9/12
小松市
富山市
9/25
上越市
美浜町 10/5
0
200km

日本徒歩縦断ルート

- 地名，月日はおもな宿泊地など
- 総日数 150 日，徒歩日数 126 日

序章　なぜ縦断徒歩の旅か

歩いている間は誰にも束縛されない自由時間のように感じる。歩いている時は夢や空想が広がる。だから歩くことが好きだ。この気持ちは中学生の頃に生まれたと思っている。

新聞配達少年の夢

一九四三年、私が五歳の時に、私たち一家は沖縄から本土に移住した。小説家だった父は本土で一旗あげたいと考えたようだ。千葉県船橋市夏見町の新興住宅団地に住み、父親は毎日、沖縄を舞台にした時代小説を書いていた。「子は親の背中を見て育つ」というが、文字通り、私は窓際の机の前に座っている父親の背中ばかり見ていた。沖縄では小説家、沖縄芝居の脚本家として知られていたようだが、本土では小説は全く売れず、極度の貧困の中で、生活費は団地の新聞配達に頼っていた。

住宅地は五〇〇戸ぐらいで、会社勤めの人たちが多かった。私も中学一年の後半ぐらいから中学卒業まで八〇軒ぐらい配達を手伝った。配達は現在のように新聞社別ではなく、住宅地全体の権利を船橋駅前の販売店が受け持っていて、朝日、毎日、読売などそれぞれの新聞を順路帳で組んで同時に一人の配達員が配った。

朝刊、夕刊、共に二時間の配達時間が、今日までの人生に大きく影響しているような気がする。歩きながら、外国へ行くことを夢見た。当時、日本の中学生、高校生のなかで私がいちばん映画を見ているだろうと勝手に思い込んでいるほど、映画好きだった。外国映画を多く見たが、なかでもアメリカ映画に写っていた広い応接室、冷蔵庫のあるキッチンなど、アメリカの豊かさに憧れていた。

一九六四年、二六歳の時にアメリカを目指して無銭旅行を企て日本を離れたのも、その時の夢が心の底で息づいていたからだと思う。一九八四年、四六歳の時、一五年間勤務した新聞社を退社したのも、アフリカへ行ってみたいという子どもの時の夢があったからだ。子どもの頃、ターザンの映画を見たりアフリカ探検の本やマンガを読み、心をときめかせていた。

戦争の中で歩く

ベトナム戦争のさなか、一九六五年一月から一九六八年一二月までベトナムのサイゴン(現ホーチミン市)に滞在し、アメリカ軍と南ベトナム政府軍に同行取材した。アメリカ軍の通常の作戦は朝、一個中隊約一五〇名単位の兵士がヘリコプターに分乗し、攻撃目標までくると地上に飛びおりて村を攻撃する。ひとつの村での掃討が終わると兵士たちは次の村へと移動し、夕方になるとヘリコプターが飛んできて彼らを基地まで運ぶ。従軍している間は、朝から夕方まで兵士と共に歩くことが多かった。

南ベトナム政府軍の海兵隊駐屯地はサイゴン近くのトゥドゥックというところにあった。作戦に出ると野営しながら一ヵ月以上、村や森林での掃討作戦を続ける。海兵隊に一ヵ月近く従軍したことがあるが、村、水田、森林、次から次へと歩きづめだった。野営する時は軍用ポンチョ(合羽)で屋根をつくり、エアーマットを敷き、パンチョライナー(薄い寝具)にくるまって眠る。この三点セットをいつも軍用リュックにつめ込んで従軍した。

下宿からサイゴンの中心まで二キロぐらいあったが、従軍しない時は、アメリカ軍、南ベトナム政府軍の記者会見場のあるレロイ通りへ毎日のように歩いて通った。

このようにして、ベトナム滞在中はいつも歩いているような四年間だった。

ウォーキング開始

ベトナムから帰国後、一九六九年から朝日新聞社に就職して千葉県市川市に住むことになった。すぐ近くを江戸川が流れていたので、出勤前にほとんど毎日、八キロぐらいジョギングをした。

私は太る体質のようだ。ベトナム時代はマラリアにかかっていたこともあり五五キロぐらいだったが、帰国してから太り始めたので、ジョギングは体重増の防止対策でもあった。しかし、夜は毎晩のように酒を飲み、帰宅後は夕食が終わるとすぐ眠るという習慣が続いたので、ジョギングの効果もなく、一九八四年に新聞社を退社した時、身長一六四センチに対し体重は六五キロになっていた。サラリーマン時代は電車通勤、会社での任務など一応のスケジュールに従っていたが、フリーになって箍《たが》が緩み、また、先妻が病没したので生活が不規則となった。ジョギングも三年ぐらいは続けていたが、いつの間にかやめてしまい、退社後、六年で体重は七〇キロになってしまった。

一〇年前から信州に住んでいる。家は標高九〇〇メートルの位置にあり、眺めは良い。しかし、急な坂が続くので散歩にはあまり適していない。少し坂を下った沢沿いの道は樹木も多く気持ちも爽やかだが、家から往復三キロぐらいで散歩には物足りなかった。

この間、サラエボ、ソマリア、ベトナム縦断、カンボジアそのほか各地へ取材に行き、かなりハードな仕事もしているのだが、体重は減らない。外国取材へ行くと張り切るので夜は食べたり飲んだりして、かえって体重が増える傾向にあった。二〇〇一年八月末には体重は七二・六キロになっていた。私の標準体重は五九キロ、一三・六キロもオーバーである。体格指数は二七となり、二六・四以上は肥満に該当する。おそまきながら健康上、外見上、これではいけないと感じ、九月一日からウォーキングを開始した。

散歩とウォーキング

これまでの散歩は気分転換が主な目的だった。今度は減量を目的に家から諏訪湖畔まで歩いていたのだが、往復約七キロ。帰途の一・五キロは急勾配の上り坂となっている。タクシーを使わずこの坂を歩いて上ることで、これまでの「散歩」から「ウォーキング」へと呼び方を変えたのだ。

家に着くと、シャツは汗びっしょりになる。ウォーキングを始めてから約一ヵ月で四キロ減量となった。しかし、その後はいくら歩いても体重は変わらない。冬に入り寒さの厳しい諏訪地方で、汗をあまりかかなかったせいかもしれない。

二〇〇二年二月から三月のアフガニスタン取材では、三キロ減量になった。仕事も緊張したがそれよりもパキスタン、アフガニスタン滞在三五日間、禁酒したことが原因ではなかったかと思っている。

アフガニスタンでは体重が落ちたが、五月から八月にかけて東京、長野、沖縄、札幌で「沖縄復帰三〇年」の写真展を催し、その間、ウォーキングが中断されたうえに各地で飲んだり食べたりしたので、八月の末にはまた六七・四キロに戻ってしまった。

徒歩縦断の動機

そこで、かねてから歩いてみたいと考えていた「中山道・木曾路」徒歩の旅に出た。JR中央線塩尻駅前を出発し、中津川駅まで三泊四日で一一〇キロ。リュックは一九九三年サラエボへ行く時に買った「GROBE TRIP」。その後の海外取材でも必ず持ち歩いているので親しみを感じていた。靴はいつもウォーキングの時に使っている「ダンロップ」。サイズは二五・五、近くのホームセンターで一四八〇円で買い求めたものである。シャツ、下着、靴下、洗面道具、参考書、地図、フィルム三〇本、ライカ二台、コンパクトカメラ一台、交換レンズ二本。荷物を合計すると一〇キロぐらいではなかったかと思う。初日は

奈良井宿、二日目、木曾福島、三日目、妻籠《つまご》宿泊り。

この旅の中で、日本縦断の旅を二〇〇三年に実現させようと決断した。結果的に足にマメもできず、一日平均三〇キロを歩いてあまり疲れを感じなかったことが自信に結びついたからである。

もうひとつ大きな理由は、二〇〇三年がチャンスと考えたからだ。二〇〇四年は大妻女子大と茨城大学での集中講義とその準備。さらに二〇〇五年のベトナム戦争終結三〇年に向けて刊行予定の本の写真整理・原稿執筆があった。二〇〇五年にはベトナム、カンボジアへも行かねばならない。二〇〇六年以降は予定が立たなかったが、七〇歳に近づいた体に変化が起きるかもしれない。

チャンスを逃がしてはいけないと思ったことについては、一〇年前の教訓があった。新聞社に勤務していたころ、江戸川堤で毎朝ジョギングをしていた。『アサヒカメラ』編集長の谷博さんほか、それぞれにジョギングしている仲間たちと、朝日新聞社が共催している一九八三年の佐倉朝日健康マラソン大会に参加しようと話し合い、エントリーした。

当時、どのくらい時間がかかるかは分からなかったが、一度フルマラソンに参加したい、と思った。完走できる自信もあったが、マラソン当日、急な仕事が入って参加できなかった。佐倉マラソンは毎年行われるのでいつでも参加できると思っていたが、翌一九八四年の冬、先妻の病気が再発、私も新聞社を退社した。やがてジョギングもやめて、今では市民マラソンに参加する気持ちは全く失われている。そんな過去のことを思い返して、歩きたいという気持ちが強い時、歩けるという自信が持てるこの時期を逸してはならないと、私は徒歩の旅を決意したのだ。

なぜ、日本縦断か

誰にでも日本を端から端まで旅したいという気持ちがあるのではないだろうか。その方法は人によって違うと思う。自動車、電車、バス、自転車、オートバイ、徒歩の旅。一人で、家族と、親しい友人たちと、恋人と二人で、などなど。

しかし、短期間の部分的な旅とは異なり、一度に全部となると時間的・金銭的な点でなかなかむずかしい。しかも徒歩では日数がかかり、その分、費用も増える。

私は自動車の運転も、オートバイに乗ることもできない。自転車は大丈夫だが、日常生活のなかで使うことがなかった。バスが好きなので、アメリカ大陸横断、沖縄、伊豆半島一周もバス利用の旅だった。電車とバスを乗り継いで、冬の北海道を一周したこともある。

でも、私の夢は徒歩による日本縦断だった。

いつごろその夢が生じたかは定かでない。ベトナム時代、日本の四季を思いながら考えたのか。新聞社時代に母や先妻の病気、仕事など何か悩みごとがあると、市川橋、新葛飾橋を渡って江戸川堤を約一〇キロ歩いた。その時だったかもしれない。いずれにせよ、ずっと以前のことだと思う。

今回、旅の理由を人に聞かれた時、「日本再見」「六五歳の挑戦」とお答えした。しかし、実をいえば、歩いて旅をしたいというきわめて単純なことが本心だった。

新聞社に原稿の連載をお願いする際、「旅をしたい」だけでは通りそうもないので「日本再見」「六五歳の挑戦」などを一応の理由として書いたのだ。

カメラマンだから、旅に出れば写真を撮るが、カメラマンになる以前から徒歩縦断の夢は持っていたような気もする。とにかく、撮影よりも、歩きたいという気持ちが優先していた。

なぜ、日本海沿岸か

一口に日本縦断といっても、太平洋沿岸、旧街道をたどる、中央部を貫通するなどのコースもある。しかし、日本海沿岸を歩くことに迷いはなかった。

理由は、日本海を見ながら歩きたいという、これも単純な気持ちからである。三〇年ぐらい前、冬の日本海の風景を肴に特急の食堂車で酒を飲みたくて、酒田まで旅をしたことがある。取材などで日本海側を走る列車を利用するたびに、いつか歩きながらこの風景をゆっくり見たいと思った。

出発時期と期間

北海道・宗谷岬をスタート、故郷の沖縄・那覇市をゴールにという気持ちは以前から持っていた。三月一〇日が六五歳の誕生日なので、できればその日から歩き始めたい。そこで、まず一応の日程を作成した。北海道、宗谷岬―松前町七四五キロ、本州・九州、龍飛岬―鹿児島二三六六キロ、沖縄、辺戸《へど》岬―喜屋武《きゃん》岬―那覇一七八キロ。計三二八九キロ。

木曾路を歩いた時の経験から、一日の歩行距離三〇キロ、その附近を宿泊地として歩行実数一一一日、休日九日、計一三〇日という計画だった。

北海道の友人に問い合わせると、三月はまだ厳冬のなかで、歩道が雪に埋もれて歩ける状態ではないとのことだった。車道を歩いている私を避けようとした自動車がどこかにぶつかって、乗っている人が怪我でもしたら大変なことになる。

そこで、桜前線を追って沖縄から北上することを考えた。桜が大好きなので、全国の桜を撮影して歩きたいという夢も持っている。徒歩の旅と桜の撮影が重なったら最高だ。沖縄の本部《もとぶ》町役場に電話をした。八重岳には約四〇〇〇本のカンヒザクラがあり、以前、『週刊朝日』のグラビアで撮影した経験がある。一月一八日に桜祭りを開催するとのことだった。

稚内観光協会では、宗谷岬公園の桜は五月中旬が見頃という。沖縄・八重岳から北海道・宗谷岬公園まで四ヵ月間。一日三〇キロのペース、休日返上で歩けば間に合う計算になる。しかし実際は桜前線の動くスピードは一日六〇キロという説もあり、沖縄のカンヒザクラの開花だけが早いのだ。ソメイヨシノは九州から北海道まで四月一日から五月中旬過ぎの二ヵ月足らずで終わってしまうのだという。

そこで、桜を追うのはあきらめ、初夏の北海道からスタートしようと決めた。しかし、取材から一年が過ぎても、アフガニスタンを扱う『戦争はなぜ起こるのか』の原稿執筆が終わらなかった。三五〇頁をこえそうな、私にしては大作だった。

そのようなことで初夏は過ぎてしまったが、ようやく七月一四日、信州の自宅を出発することができた。

旅行費

私は新聞社を四六歳の時に退社して勤務期間が一五年と短く、以前に勤めた毎日映画社の勤務と合わせ厚生年金の受給資格ぎりぎりとなり、国民年金を含め一ヵ月の収入は一五万七六八三円。これが定収入のすべてなので、取材費、カメラ、レンズ購入費など他に必要とする費用は働いて稼ぐほかない。しかし、一生仕事を続けなければならないという状況は私の元気の素となっている。

旅の費用は一日一万円を見積もった。宿泊費、昼食、飲料水などである。電話代、フィルム現像料、出発時の自宅から宗谷岬まで、ゴール着後の沖縄から自宅までの旅費は含まれていない。そこで、どこか費用を負担してくれるところはないかと思ったが、私はそのような交渉力はゼロに等しいので、結局、スポンサーはつかなかった。唯一、写真を時々掲載する『ライカ通信』の仲介で、コダックからネガカラーの提供を受けることができた。

仕事

週に一度、『沖縄タイムス』に四〇〇字詰原稿用紙三枚分の原稿と写真、月刊誌『BE-PAL』のホームページに原稿七枚前後と写真。月一回、共同通信に原稿三枚弱と写真、月刊誌『Com Com』に原稿二枚弱と写真。以上の連載が決まった。それに六年前からカメラマン人生を連載している月刊誌『公評』に原稿一一枚と写真。

旅の報告が進行形の形でできて私にとって良いことだが、収入の点から考えると、この五つの仕事を合わせても予算の半分に満たない。不足分を補うために『戦争はなぜ起こるのか』の印税を前借りした。

旅仕度

リュックは木曾路の旅と同じ「GROBE TRIP」。靴は諏訪市の靴センターで買ったブリジストン。サイズ二五・五。私の持っているウォーキングシューズの中で一番高価で三九八〇円。靴が使えなくなった場合のことを考え、これまでウォーキングで履いてきた古い靴に①から④まで番号をつけ、その順に送るよう妻に頼んだ。靴下は綿製品と五本指の絹製品。それぞれ予備をリュックに二足。長袖シャツ予備一枚、Tシャツ予備二枚、長袖アンダーシャツ一枚、ズボン予備一着、睡眠時用ズボン一着、作務衣《さむえ》上下。

上下のレインウェア。帽子。

文房具は筆ペン、万年筆二本、ボールペン、赤ボールペン、マーカーペン、日記帳、小型日記帳、大学ノート、小型メモ帳二冊、原稿用紙、封筒、ハサミ、ノリ。

資料、北海道地図、街道読本、住所録、辞書、電話帳。

カメラは次の通り。

ライカM4、M6（レンズ、エルマリート28ミリF2.8、ズミルックス35ミリF1.4、ズミクロン50ミリF2、テレエルマリート90ミリF2.8）。キヤノンEOS7（レンズ、キヤノン28〜200ミリ・ズームレンズ、キヤノン75〜300ミリ・ズームレンズ、キヤノン24ミリF2.8）。コニカLEXIO70。

フィルムは、コダック・ネガカラーSUPRA400四〇本、SUPRA800一〇本。後は途中補充。

他に懐中電灯、洗面用具、室内用の草履。

出発前日までアフガニスタンの原稿を書いていたが、それでも終わらなかった。そこで、旅の中で書こうと考え、行動記をメモした二〇〇二年日記帳を持参。約四〇〇頁の大型横線日記帳で、二〇〇三年との二冊で一・五キロ。辞書と合わせると二キロもあった。とにかく必要と思われるものを出発まぎわに慌ただしく揃えたので、カメラも含めると、荷物の総重量は一八キロになった。これまで携帯電話を持っていなかったが、出発前日、初めて妻から渡され、とりあえず簡単な使い方だけを覚えた。

宿泊

旅の中でいちばん大きい費用は、毎日の宿泊代である。若い頃であれば、寝袋を持ち、野宿や駅、バス停、寺院の軒先などで眠る旅も面白いと思う。ベトナム戦争中は兵士とともに野営を続けていたので、外で眠ることには慣れている。しかし、それは二十代の時である。今は前のように無理が通用する年齢ではない。

それでも一日おきにテントに泊れば全体の宿泊費は半分になると思い、リサイクルショップにあった二〇〇〇円の軽量テントを買っておいた。しかし、木曾路の旅の前にテント、パンチョライナーをリュックに詰めテスト歩行をしたところ、エアーマット、ポンチョは入っていないにもかかわらずかなり重かったので、テント持参は私には無理だと思った。

徒歩の旅のことが新聞で紹介されたので、各地に住む友人、または知らない方から近くへ来たら自分の家に泊るようにという有難い連絡をたくさんいただいた。地元の人と話し合うことは勉強にもなるし、一緒に酒を飲んだら楽しいだろうと思った。

しかし、歩いた後は、風呂に入り、ゆっくりビールも飲みたい。食後はすぐ眠らないと翌日の歩行に影響するだろう。それでは泊めて下さった方と話をする時間がなくなる。そこで個人宅には泊らず、民宿や旅館などの宿泊施設を利用することに決めた。費用はかかるが、無事にゴールへ到着することを最優先にしたのだ。

計画書をもとにとりあえず北海道の宿泊予定地の民宿、旅館、ビジネスホテルを妻がインターネットで調べて大学ノートに張り、現地に着いたら電話で予約することにした。

第一章　自然の美、人情の美――北海道

七月一四日午前八時、妻とともに家を出発。庭の垣にはわせてあるブラックベリーを見ると、たくさんの実が赤く色づいていた。八月には黒くなって甘酸っぱい味になる。つまんで口に入れるのが楽しみだが、その頃は歩いている私に代わって、小鳥が喜んで食べてくれるだろう。家に帰るのは約五ヵ月後になると思い、ゆっくりと周囲の風景を眺めた。

宗谷岬へ

午前八時二四分、ＪＲ上諏訪駅発の特急「あずさ」で東京駅へ。羽田発一二時二〇分の全日空機で稚内に向かう。一六時三〇分、宗谷岬着。摂氏一二度と寒い。「日本最北端の碑」まで散歩。近くの店で海を眺めながら生ビールを飲み、タコの串焼きを食べた。ここで一日のんびりとビールを飲んでいたいと思った。まだ、日本縦断をするのだという実感が湧いてこない。民宿で夕食に出されたホッケが格別に旨かった。

宗谷岬．手前は間宮林蔵の像．三角は「日本最北端の碑」

7月15日［宗谷岬〜稚内市 30・5キロ］。午前四時、民宿「宗谷岬」で目を覚ました。窓から外を見ると薄明るくなっていたが、小雨が降っている。六時にカメラだけを持ち宗谷港へ行ってみる。海が荒れているので、漁船は港に待避していた。今日から昆布漁が解禁で一斉に船が出ているはずだったが、悪天候のため中止になったと、港の人が語っていた。

六時三〇分、朝食を済ませてから「日本最北端の碑」の前まで行く。昨日、北海道新聞、共同通信の記者の方と約束をしていた。朝日新聞の青柳光郎さんは東京からみえている。「徒歩の旅」を最初に紙面で紹介して下さった記者である。札幌から朝日新聞の豊間《とよま》根《ね》功智《よしのり》カメラマンが到着した。NHK、北海道のテレビ局も来て下さっている。旅の動機、なぜ徒歩の旅なのか、などの質問を受けた。碑の周辺は、数台の観光バスに乗って訪れた観光客が間宮林蔵の像の前で記念写真を撮っていた。

八時、宗谷岬をスタートした。いよいよ旅の始まりだ。しばらくトコトコと歩く。浜辺にハマナスの花が咲いている。北方領土の国後島《くなしり》に群生していたハマナスを思い出す。花は美しく、実は良い香りがする。実を焼酎に漬けると、旨い果実酒ができる。ところどころに漁港がある。昆布採りは中止になったが、北海シマエビ、水ダコの漁が行われていた。

縦断スタート

宗谷村富磯では老夫婦が力を合わせ、漁の舟を海へ押し出していた。北海シマエビ漁のかごを仕掛けに行く夫を送り出した久保田一枝さんは、夫の勝海さんが戻ってくると、また一緒に舟を浜へ引きあげる。

一枝さんは、敗戦直後の八月二〇日、一二歳のとき、母親、妹、弟とともにサハリン(樺太)から引き揚げてきた。父親の帰国は後になった。その後、稚内に住んでいた勝海さんと知り合い、富磯で家庭を守りながら漁業を手伝うようになった。

私もサハリンと択捉《えとろふ》、色丹《しこたん》、国後、歯舞《はぼまい》の北方四島へ二度撮影に行った。以前、羅臼《らうす》へ

漁に行く夫を見送る久保田一枝さん(宗谷村富磯)

行った時、すぐ近くに国後島を見て、ソ連から北方四島を追われた人々の無念の気持ちが理解できるようになった。国後島からは羅臼を走る自動車を見ることができた。私の故郷沖縄は本土復帰したが、北方四島はまだ還らない。サハリンで大泊《おおどまり》に住んでいた一枝さんは、懐かしいと思うときもあるそうだが、今はすっかり富磯の人となっている。雨模様のこの日、宗谷岬の近くからはサハリンが遠くにかすんで見えた。

タコの足

別れて歩き始めると、一枝さんが追いかけてきた。歩きながら食べなさいと、干したタコの足を袋いっぱい下さった。歩きながら、また宿でビールの肴に、一枝さんの心のこもったタコの足をかじった。

雨がひどくなったので合羽を着た。歩きはじめたときは張り切っていたが、だんだんリュックが重く感じられてきた。

市街に入ってから、駅前のホテルまでの四キロが辛かった。両足の筋肉が痛み、リュックが肩にくい込むようだ。一〇〇メートル歩いてはひと休みした。リュックの荷物を整理しなければいけない。ホテルに着いた時は、夜の一〇時三〇分になっていた。

16日［稚内市滞在］。出発時の原稿書き、荷物整理で稚内市に泊ることにした。観光シーズンで宿泊施設が混んでいる。昨日泊った駅前ホテルも満員で、二キロほど離れた民宿「おやど天翔」に移る。宗谷岬、稚内までは妻も同行した。妻は旅の間、フィルム補充、ネガ整理、宿の手配など自宅からサポートしてくれる。ホームページで縦断の経過を知らせる役目も果たす。バスに乗って妻と野寒布《のしゃっぷ》岬まで行き、周囲を観光。

荷物整理　17日［稚内市滞在］。荷物を整理した。

ズボン、長袖シャツの予備、作務衣上着、大型・小型日記帳、辞書、街道読本、草履、ライカM4、キヤノンズーム75～300ミリ、24ミリ。すべて妻に持ち帰ってもらった。それでもアフガニスタン原稿資料、他のカメラ、フィルムなどでリュックは一五キロもある。午後まで原稿を書いて送稿。

朝日新聞稚内通信局の白勢洋一郎さん、稚内市役所の古川聰さんと居酒屋へ行った。

18日［稚内市～豊富《とよとみ》町兜沼《かぶとぬま》 30キロ］。午前五時スタート。いよいよひとり旅となる。朝は快調に飛ばす。しかし太陽が高くなるとペースが落ちてくるので、撮影時間も含め、平均して一時間三キロを歩く。昨日は海岸に沿って歩いたが、稚内の国道40号は内陸を貫いている。道の両側は牧草地が広がり、道ばたにはアヤメ、タンポポほか、名も知らない花が咲き乱れている。牧場の彼方に利尻富士が見えた。民宿「おやど天翔」で、玉子焼き、味噌焼き肉、シャケ、タラコ、スペアリブ塩焼きの入った豪華な弁当を作ってくれたので、牧場の横で昼食にした。民宿「夢大陸」は兜沼公園のすぐ近くにある。一三時に到着した。有事法制について原稿を書いて、公園事務所のファックスを借りて送る。シャワーを浴びて缶ビールを一本。続けてもう一本。ビールのなんと旨いことか。

一九八三年、大韓航空機事件で稚内沖の撃墜現場へ遺族と同行取材した夜、酒場で出会った小野寺美澄さんが、見事なタラバガニを「夢大陸」まで持ってきて下さったので、宿の主人小松眞治さんと共に豪華な夕食となった。

19日［豊富町兜沼～同町豊富　20キロ］。朝、兜沼を撮影した後、「夢大陸」を出発。道を間違えないように、小松さんが地図を書いてくれた。歩行中に友人の鎌田慧からケータイに電話。辻元清美が逮捕されたとのこと。ピースボートでの地球一周、ベトナムの旅などで彼女を見ていた。現代の女傑の一人と考えている。議員になった時、このような人が国会に必要と思った。秘書給与の件は、確かに辻元が間違っているが、逮捕の陰で笑っている人たちを感じた。暗くなった気持ちを振り払うように頑張って歩く。利尻富士がどこからでも見える。昼食に、昨夜の残りのタラバガニを食べた。美しい風景、タラバガニ。ここにビールかワインがあれば素晴らしいと思ったが、昼間歩いている時は、酒は飲まないと心に誓ってある。一二時四五分、豊富着。ここで泊らないと、五〇キロ以上歩かねばならない。

辻元逮捕の報

20日［豊富町～天塩《てしお》町　32・5キロ］。早朝に出発。住宅の庭先や道路横には花がたくさん植えられていた。

喉の渇き

陸上自衛隊のトラック、ジープが頻繁に走っていた。二本持っていたペットボトルの水が、残り少なくなってきた。コンビニか自動販売機で補充しようと思っていたが、途中で見つからず、とうとう最後の一滴がなくなってしまった。水をどこかでもらおうと思っても、牧場の彼方に農家が見えるだけである。「牛乳を飲んで健康な毎日。天塩町」の看板がうらめしい。牧場の牛が飲んでいる桶の水を飲みたくなった。朝日新聞の白勢さんが様子を見に来て下さったので、ペットボトルをいただいた。

ようやく旅館に到着。足の裏の指に近い一番膨らんだところが、痛みを感じる。しかし、そのうち慣れてくると思う。

旅館に弁当の交渉

21日［天塩町～遠別町《えんべつ》　20キロ］。寒いのでリュックから合羽の上着を出した。新聞を配達している人は冬用のコートを着ていた。

昼飯は、旅館で朝飯代わりにつくってくれた握り飯二個、タクアン三切れ。朝食代八〇〇円を払っているのだから、シャケ、玉子焼きぐらいは付けてもらいたいが、握り飯だけという旅館が多い。しかし、なかには旨い弁当をつくってくれるところもある。握り飯ならコンビニで買うこともできる。そこで、次からその点を交渉することにした。いつも朝昼兼なので、握り飯だけでは困る。

歩行距離が短かったので、民宿「栄館」には一三時頃到着した。カメラ店を見つけ、現像プリント。夕食はホタテの刺身、ツブの網焼き、野菜煮、エビの天麩羅。
22日［遠別町～初山別《しょさんべつ》村　30キロ］。一日の歩く距離にあわせて、二〇キロから三〇キロ位にある街に泊まる。周りの風景は変わっても、コンビニの中に入ると全国どこも同じである。封筒、糊、葉書を買った。

◉コンビニ利用法

日頃、私たちはコンビニエンス・ストアをどのように利用しているのか。私が住んでいる諏訪にもかなりのコンビニがある。私がいちばん多く使うのはコピーである。新聞、資料などかなりの量をコピーする。新聞、雑誌や缶ビールを買うこともある。しかし、コピー以外ではそれほど、必要性を感じることはなかった。

しかし、今回の旅ではコンビニは必要欠くべからざるものとなって、コンビニのない地域では不便を感じた。まず、ペットボトルの水やお茶を買う。歩いていると汗をかくので、水分を余計にとる。暑い日は五本飲むこともある。

食堂のない地域を歩くことが多いので、昼食用としてサンドイッチ、牛乳、ヨーグルトなども買った。

コピーをする、ファックスを送る、原稿用紙、封筒、ノートなどの文房具も買う。トイレを借りることも重要な利用方法である。人目につかない場所があるときは良いが、街なかでは困るのでコンビニは救いの神となる。

コンビニにはクーラーが入っているので、暑い時はひと息つける。特に必要な物がない時でも、コンビニに入ってアイスクリームを買って歩きながら食べることもあった。私にとってコンビニは小さなデパートだった。

コンビニの置かれている場所を見ると、第一に交通量が多い、第二に広い駐車場のとれる敷地がある、第三に周辺に住宅がある、などが共通していた。

しかし、私の住んでいる諏訪市には駐車場がないコンビニもあるし、旅の中でも大きな都市に駐車場のないコンビニがあった。そこでは市街に定住している人が対象になっているのだろう。

地元の商店保護のために大手チェーンのコンビニの開店を許可していないのではないかと思われる所もあった。実際に、昔から営業してきた商店にとってコンビニの影響は大きいと思われる。

今回の旅で頻繁にコンビニを利用して気がついたのだが、どのチェーン店も店内の配置がほぼ同じようになっている。入口の左側に雑誌、その向かい側に化粧品、歯ブラシ、カミソリなどの日用品、その裏側には文房具、ゴミ袋。入口の反対側の壁に弁当、おにぎり、サンドイッチ、パックジュース、レジと反対側にビール、ペットボトルなどの飲み物、中央に菓子、パンなど。

何故、配置が似ているのか。コンビニに慣れた客に安心感を与えるためではないかと想像した。

銀行のない海岸線の道や村を歩いて、宿泊費が足りるかどうか心配になったことがたびたびあった。宿へ着き風呂で汗を流した後、ビールを飲むのが楽しみだが、朝食を食べず、その代金分でビールを飲んだことがあった。翌日、コンビニでお金を下ろした時は心底ホッとした。

コンビニを見つけると、あまり必要性がなくても入ってしまう。歩いていて退屈してくると気分転換になるのだ。これは私だけでなく、長時間走っているトラックや自家用車のドライバーにとっても同じ気持ちのようだった。自転車やオートバイに乗っている人もコンビニで見かけた。もっとも歩いて旅をしている者はごくまれであるから、都会以外の道路にあるコンビニは、ドライバーのためにあるといっても過言ではない。

北海道では道路に沿った町の両端にコンビニがあったが、町は暗くなっても二四時間営業のコンビニだけは煌々と明るくて、土地の若者が集まっていた。

諏訪市の駅前にあるコンビニは学校帰りの中・高校生が集まり、店の端につくられたテーブルと椅子を利用して時間を過ごしている。コンビニは彼・彼女たちの社交の場でもあるのだ。

北海道の漁村近くにあったコンビニも、東京の大都会にあるコンビニも、店の模様も置いてある品物もまったく同じである。地方の若者はそこで「都会」に触れ、私もそこで「都会」を見て安心する。日本の地方色がなくなったことを憂いながらも、旅のなかでコンビニを利用する私の気持ちには矛盾がある。その気持ちのなかにミニデパートとして必要なものが揃っているという便利さを求めていることがあり、便利さを求めて地方の商店を大切にするという気持ちが失われていることも事実である。ウォーキングシューズを買う場合も大型スポーツ店を探そうとする。多くの人がそのような気持ちになるので、昔から営業していた町の店が閉店となっていくのだろう。諏訪市の中心通りの商店街はまったく活気がなく、市街の大型店舗が賑わっている。住民は町が寂しくなったと嘆くが、そのようにしたのは我々住民の責任でもある。

「エライことを考えたな」

道で出会った人の反応はいろいろだ。庭先の花の手入れをしていた主婦は「よい旅をしていますね」。散歩していたおじいさんは「エライことを考えたな」。中年の男性は「それは大変だ」。店先の主婦は「大丈夫ですかぁ」と心配してくれる。

昨日、旅館と話し合ったので、弁当には握り飯四個、トンカツの玉子とじ、シャケ、玉

孫と自転車の旅をする阿久津芳雄さん(北海道初山別村)

子焼き、昆布巻きが入っていた。とても食べきれないので、半分はとっておいた。

　初山別には夕陽を眺められる温泉があったが、電話をすると満室だった。岩手屋旅館へ電話すると、改装中で素泊まり二〇〇〇円、トイレは外、風呂なしという。二〇〇〇円はありがたい。

　宿の主人と一緒に岬センターの温泉へ行った。入浴料五〇〇円ですばらしい施設だった。温泉はやはり良い。夕食は昼に残しておいた握り飯とおかずを食べた。

　23日[初山別村～羽幌《はぼろ》町　20キロ]。歩いていると、通りすぎたオートバイが戻ってきた。一ヵ月かけて北海道一周旅行をしている、二七歳の今村宏志さんだった。歩いている人に出会わなかったので、興味を持ったとのことだった。道路工事現場では、新聞で私の旅を知ったという交通整理の鈴木友之さんと記念写真を撮った。

一一歳のお孫さんと自転車の旅をしていた川越市の六六歳になる阿久津芳雄さんからも、声をかけられた。芳雄さんは苫小牧までフェリーで自転車を運んで、飛行機で来た孫の貴紀君と合流した。一日四〇キロのペースで宗谷岬まで行くとのこと。急な坂を自転車を押して上がって行く、祖父と孫の後ろ姿をしばらく眺めていた。良い光景だった。目の前に広がるひまわり畑を眺めながら、弁当を食べた。

羽幌に近づいた頃、沖縄県石垣市出身で羽幌町在住の川平《かびら》康雄さんと出会った。新聞で知り、近くを通る頃だろうと、昨日からパトロールしていたとのことで、夜、川平宅で泡盛を飲むことになった。遊歩ユースホステル泊。

24日［羽幌町滞在］。ユースホステルの部屋が明るい。四名部屋に私一人。机が自由に使えるので、もう一泊して原稿を書くことにした。夕食は食堂で宿の経営者夫妻、若い人たちと一緒にとった。大勢で食べる夕食も楽しい。

浜に昆布の香りが漂っていた（北海道苫前町）

昆布漁

25日［羽幌町～小平町《おびら》鬼《おに》鹿《しか》30キロ］。一日休養をとったので、足取りは軽い。朝、家庭農園にいる主婦に挨拶すると、もぎたてのキュウリを下さった。息子さんは航空会社に勤務して、那覇に滞在とのこと。歩いていると、川平さんが自動車で追いかけてきて、朝ご飯にしなさいと、沖縄のヂーマーミドーフ（ピーナッツの豆腐）を持ってきた。川平さんの心が伝わってきて嬉しかった。

七時近く、豊浦の海岸近くへ来ると、小船が近づいてくるのが見えた。昆布を船から下ろし始めた。浜では昆布を干す作業をしている。大勢の人が一生懸命に仕事をしている光景を見ると、私も夢中になってシャッターを押してしまう。昆布干しは八時半に終わったが、この間に一五〇枚ぐらい写真を撮った。

道路の横で風力発電の羽根がぐるぐると回っている。広い北海道らしい風景だ。二日前頃から左足の裏が痛くなってきて、そのうち治るだろうと思っていたが、痛みが増してきた。

イラク特措法

26日［鬼鹿～留萌《るもい》市30キロ］。昨日、自衛隊のイラク派遣を可能にするイラク復興支援特別措置法が参議院の委員会で強行採決された。一九六〇年、「安保反対闘争」が起きた時、連日、国会周辺のデモの取材に加わっていた。日本中で大勢の人が反対したにもかかわらず、国会で強行採決されたことを思い起こす。その後も、消費税法も含めいろいろな法案が強行採決されてきた。日本の国会では、重要な法案が国民の納得のいくまで徹底討論されない、という歴史がくり返されている。

小平町鬼鹿の浜でウニ漁を撮影し、工藤清子さんに話をうかがっていると、ウニを食べなさいと勧めて下さった。朝四時に宿を出て握り飯を持っていたので、ウニをおかずに朝食にした。潮の香りが口いっぱいに広がり、とてもぜいたくな朝食だった。

ひどく痛んできた左足をかばいながら歩く。リュックが重く感じられた。

一四時、「留萌市」という標示を見たが、そこから市の中心街まで三時間以上もかかった。三泊《さんとまり》小学校の男性教師に「新聞で見ました、頑張って下さい」と励まされた。

27日［留萌市滞在］。今日も足が痛む。原稿執筆と休養を兼ね、一日ホテルにいる。洋室に机がなかったので、和室に変更し、小さな机を用意してもらった。昼食はスーパーで買ってきたパンと牛乳、夕食はいなり寿司とお茶。

28日［留萌市滞在］。宿泊先でフィルムの現像とプリントをしているが、その機械を備えたカメラ店がない町が多く、新聞、雑誌の編集部に写真を送るのに苦労する。昨日、スーパーのカメラ店でプリントしたが、調子が良くないので、今日、もう一度、市内のカメラ店へ行き、プリントしてもらった。原稿が残っているので、もう一日歩行を休んで原稿を書くことにした。旅をしながら週二本、月三本の連載原稿を書くのは、なかなか大変である。歩いた後は疲れるので、食事が終わるとすぐ眠り、早朝四時から書き始めるが、原稿を書くより歩いている方が楽、ということが分かった。

居酒屋での夕食

夜、稚内市以来初めて居酒屋へ行った。これまでは夕食付の宿なので、外へ出ることがなかった。久し振りに生ビールを飲んだ。

29日［留萌市～増毛《ましけ》町　18キロ］。今回の旅では最短距離なので、出発を遅くした。昨年、中山道、木曾路を歩いた時、長いトンネルが二本あった。歩道はついていたが、トンネルの中を歩くのはあまり良い感じがしなかった。

増毛－雄冬《おふゆ》間はトンネルが続く。二キロくらいの長いのもある。増毛町役場と開発局道路部に電話すると、新しいトンネルには歩道があるが、古いトンネルには歩道がないとのこと。

この旅でいちばん気をつけているのは、自動車とねんざである。留萌で二日休んだので、足の痛みは薄れていたが、風呂に入るとまた痛みを感じた。

三つの誓い

30日［増毛町～留萌市］。朝から強い雨が降っていた。大変残念であるが、来た時と同じ道で留萌へ戻り、コースを変えることにした。宗谷岬から増毛までは出発前の計画通りに来た。増毛の後は雄冬、浜益《はままつ》、厚田、石狩と、海岸に沿って小樽まで歩く予定だった。しかし増毛－雄冬港間にある八つのトンネルが怖かった。歩道のない小平トンネルを歩いた時に通り過ぎていったトラックの風圧の恐怖が、体にこびりついていた。徒歩の旅は、長年の夢の実現である。コースを変更して、農村の道を楽しく歩きたい。道路へ出ると、ちょうどバス停に雄冬行きの沿岸バスがきた。

しかし、①旅が終わるまで家に帰らない、②バス、電車に乗ってコースに空白区間をつくらない、③荷物を人に運んでもらわない――と三つのことを心に誓っていた。バスに背を向けて留萌に向かった。

留萌の光陽館のおばあちゃんが暖かく迎えてくれた。コースが変わったので、宿泊先を調べ直さなくてはならない。妻が、その煩雑な作業をすべてしてくれた。

ドラマのセット

31日[留萌市～沼田町 35キロ]。留萌～新十津川《しんとつかわ》と、内陸を通ってから石狩へ出ることにした。留萌からサンフラワー北竜《ほくりゅう》まで、宿がない。サンフラワーは満員、と言われたので、回り道になるが石狩沼田駅前の旅館を予約した。

朝食は歩きながらカロリーメイトを食べた。昼飯はコンビニで買った豚肉サラダと握り飯。朝買ったペットボトルのウーロン茶は残り少なくなったので、途中でウーロン茶二本を買った。歩いていると、一日に平均してペットボトルを四本ぐらい飲む。お茶、スポーツドリンク、ハチミツレモン、水などその時の気分で適当に買っている。

恵比島《えびしま》峠を過ぎて恵比島駅方面へ向かって歩いていると、明日萌《あすもい》駅というのがあった。

駅前に古い旅館があった。疲れていたので「今日、部屋は空いていますか」と聞くと、「ここは資料館になっていて、人は泊めない」と言われた。通りには映画のセットのような古い建物が並んでいた。後で聞いてみると、『すずらん』というNHKの朝のテレビドラマのロケをした場所で、駅も旅館もその時のセットだったのだ。

石狩沼田駅前の金子旅館の人が私の到着が遅いので車で迎えに来てくれたが、つらいのを我慢して約二キロを歩き、やっと宿に着いた。夕食を食べる元気がなかったので、途中で買ったメロンを半分食べた。

テント舞台

8月1日［沼田町〜新十津川町　32キロ］。昨夜は遠いと思った二キロが短く感じられるぐらい、元気が回復した。北海道にこれほど多くのソバ畑があるとは知らなかった。あちこちの畑に白い花が一面に咲いている。長野よりずっと多いのかもしれない。ひまわりの花がたくさん咲いているサンフラワーパークで、しばらく時間をつぶした。以前、南スペインのアンダルシア地方を旅行した時、やはりひまわり畑を見て感動したことがある。

雨竜町《うりゅう》のお寺の前に人が集まっていた。テントを張った舞台では、着物姿の女性が民謡

ひまわりの世界(北海道北竜町)

を歌っている。境内に敷かれたゴザには、お年寄りと子どもたちが座って見物していた。太子堂祭りといって、毎年この時期に催されているとのこと。子どもの頃に見たお祭りの演芸を思い浮かべた。

中村屋旅館に着くと、深川市に住む馬場節子さんが、夫、娘さん三人と一緒に来て下さった。一九七七年二月、旭川の大寒波の時、馬場さんを取材したが、その時以来、年賀状の交換をしている。

宿が決まらない

2日［新十津川町～月形《つきがた》町　32キロ］。月形にある旅館に予約の電話をすると「このようなところに泊らないで、温泉に泊ってはいかがですか」と親切そうに言われた。部屋は空いているというので、そちらに泊りたいと言うと、ゴルフの人たちが来るかもしれない、とのこと。それならそうと初めから断われば良いではないかと腹が立った。温泉ホテルに電話をすると、一軒は満員、もう一軒は一人では泊ることはできない、と言われた。今夜は野宿になりそうだ。

月形に入って、バス停の小屋を見た。眠るのに良さそうである。念のために駅へ行ってみると、明るくきれいなトイレもある。駅に泊ることにした。しかし、最終電車が八時に着くので、それまでどこかでビールを飲んでいようと歩いていると、温泉ホテルが見えた。朝、断わられていたが、念のために電話してみると、部屋があった。駅で泊る機会を失ったようで、複雑な気持ちでもあった。

３日［月形町～当別町《とうべつ》　32キロ］。ホテルは新しく、和室も六人用で、一人で独占するのは気がひけるほど広い。一泊二食付七一二〇円と、温泉ホテルとしては安かった。雨の中を早朝に出発した。台風の影響か、宗谷岬出発以来の激しい雨となった。雨では撮影もできないので、唄を歌いながら歩いた。車が通り過ぎるだけで、いくら大きな声を出しても誰にも聞こえない。

宿に着くと、雨はレインコートを通し、肌着までびしょ濡れになっていた。リュックの中も濡れている。作務衣に着替えて、コインランドリーで洗濯をした。コインランドリーがないと困るところだった。

4日［当別町〜札幌市　25キロ］。石狩から小樽へ出る予定だったが、急遽、札幌経由にした。石狩までは一六キロだが、その先に宿泊施設が見つからない。そうなると、小樽市朝《あさ》里《り》まで約五〇キロを歩かねばならない。札幌へ行った方が翌日は楽になる。

一時三〇分、「札幌市」という標示があったが、さすが大都市、そこから中心地までかなりの距離があった。

昨年、「沖縄復帰三〇年写真展」を札幌で開催した時、会場に来て下さった小学校の教師、奥村勝実さんが途中で合流した。しばらく一緒に歩いた後、昼食のラーメンをご馳走になったうえ、カンパまでいただいた。恐縮。

札幌の友人からビールの誘いを受けるが、疲れていたので辞退した。コインランドリーで洗濯の後、昼の握り飯の残りと缶ビールで夕食にして、ホテルから出ずに早々に眠った。

5日［札幌市〜小樽市朝里　20キロ］。北一条西三丁目のホテルから札幌市郊外まで、約三時間かかった。札幌は広い。朝食はカロリーメイトと水。この三週間で体重が五キロ減量した。早朝スタートで朝食を食べる時間がなく、水をたくさん飲むので、昼飯も握り飯二個でお腹いっぱいになる。

張碓峠《はりうす》までゆるやかな登りが続き、六六九メートルのトンネルを抜けて、下りきったところで小樽市の朝里となる。朝里内の街に入ったところで、手を振っている人がいた。札幌にお住まいのYさんという方で、私のホームページを見て、もう通るころ、と待っていたとのこと。近くの海の見える喫茶店へ行った。Yさんは五〇歳。七年前に腰椎黄色靭帯骨化症で、歩行が不自由になった。自暴自棄になったこともあるが、カメラが好きだったので、ゆっくりと北海道の日本海側を歩いた。極楽浄土の方向へ落ちていく夕日を眺めながら、病気に負けず頑張ろうと思った。「徒歩の旅が私を救ってくれた。いま、風景の撮影に生き甲斐を見出している」と語った。持参した写真を見せていただいたが、路傍に咲く花、夕暮れのビルなど、Yさんの感性の現われた良い写真だった。Yさんは生活保護を受けながら、一人暮らしをしている。良い写真を写しても、自分で持っているだけでは記念で終わってしまう。喫茶店、銀行のロビー、写真展会場を

Yさんの救い

使って、できるだけ多くの人に見てもらうことを勧めた。

小樽の感動

小樽ではカンボジアで生死の境を共にした日本電波ニュース元プノンペン支局長の鈴木利一さんの母ヨシさんにお会いし、感動した。ヨシさんは九七歳。『蟹工船』を書いた作家、小林多喜二の家族と交流があった。

一九七〇年、カンボジア・クーデター直後、四月、五月の二ヵ月間だけで日本人七人を含む外国人ジャーナリスト二〇人が犠牲となった。すべて道路を車で移動中に反政府勢力に狙われた。私も四月一一日、鈴木さんの車で移動している時に待ち伏せを受け水田に逃げたが、政府軍に救出され、危うく難を逃がれた。

利一さんは私より八歳先輩である。プノンペン支局長の前後にハノイ支局長も務めている。戦時中の北ベトナムはジャーナリストの入国が非常に限られていた。利一さんの送ったニュースは、日本だけでなく世界でも報道された。

利一さんの母ヨシさんは、三男の悌三さん・茂美さん夫妻と共に小樽市朝里に住まわれている。かくしゃくとしてハッキリと自分の考えを相手に伝える。九七歳の人生が全身からあらわれ、年齢を重ねるのも良いものだと、うらやましく思った。ヨシさんから小林多喜二についてうかがった。

小林多喜二は秋田県で生まれたが、四歳の時に家族と共に、パン工場を営んでいた親戚を頼って小樽に移住した。多喜二は工場で働きながら小樽高商（現小樽商大）を卒業、一九二四年北海道拓殖銀行に就職。小樽支店の為替係に調査係として五年間勤務した。多喜二は小樽商業時代多くの本を読み、校友会誌の編集、雑誌への投稿など、文学に親しんでいた。

拓銀に勤務している時に、全国的に共産党員を大量検挙した一九二八年の事件を題材にした「一九二八年三月十五日」と「蟹工船」を『戦旗』に掲載、二九年には『中央公論』に「不在地主」を発表して注目を集めた。しかし進歩的文学活動が睨まれ、同年拓殖銀行を解雇された。翌三〇年二六歳の時に上京し、同年日本共産党に入党、文学運動を続けたが、一九三三年、共産党を弾圧する特高課刑事に逮捕された後、築地警察署で拷問によって殺され、二九年の生涯を閉じた。

鈴木ヨシさんは多喜二より二歳年下。多喜二の姉チマさんと親しかった。チマさんは小樽市内で運送店に勤めていたが、ヨシさんはその隣りにあった伯父の雑穀店で働いていた。

鈴木ヨシさん(97 歳)．日本の良し悪しを見てきた人生
(北海道小樽市)

チマさんが多喜二に会うために銀行へ行く時ついていったこともある。多喜二の母セキさんは助産婦だった。ヨシさんも助産婦の資格をとっている。

セキさんはクリスチャンだったが、ヨシさんも敬虔なクリスチャンである。洋品店を営んでいた夫の俊之助さんが五一歳で他界した後、六人の子どもを立派に育てあげてきたのは信仰の支えもあったのだろう。

小樽を出発する時いただいた、ヨシさんの「あなたは六五歳まで頑張ってきて、いま良い旅をしています。私も旅の成功を祈っています」との言葉は、私にとって何よりの力強い励ましとなった。

6日［小樽市滞在］。石原裕次郎館を見た。裕次郎は私より四歳、美空ひばりは一歳年上である。私は二人のファンだった。世界は違っても、同時代を生きてきたという気持ちがある。裕次郎館を見ながら、彼の出演した映画の製作されたころ、私はどのように暮らしていただろう、と考えながら館内を回った。『嵐を呼ぶ男』のポスターがあった。一九五七年、私が定時制高校を卒業した年である。一九五八年『陽のあたる坂道』、大学受験に失敗し、予備校に通っていた。裕次郎と共演している芦川いづみに憧れていた。一九六〇年『あじさいの歌』、カメラマン助手として、安保闘争の取材現場を走り回っていた。一九六三年『太平洋ひとりぼっち』、世界無銭旅行に出発する前の年だった。

石原裕次郎館

夜は酒場「すえおか」を訪ねた。店主の末岡睦さんとは、三〇年前に店に寄ってからの知り合いである。

子どもたちの励まし

7日［朝里〜余市《よいち》町　28キロ］。鈴木さん夫妻の見送りを受け、余市へ向かう。子どもたちのラジオ体操、運河、駅前三角市場などを撮影する。悌三さんと小樽シオン教会日曜学校の生徒たちに途中で会った。「がんばれ」と書いた大きな紙をひろげて、見送って下さった。子どもたちの励ましが、いちばん力を受ける。歩道のないトンネルがあった。靴やリュックに貼る蛍光シールを持っているが、蛍光色の上着を買いたいなと思いながら歩いた。

余市の市街に近くなったところに家庭用品店があったので入ると、蛍光色の雨具を売っていた。上下で三九八〇円。

稲穂トンネル

8日［余市町～共和町国富《くにとみ》 25キロ］。台風が近づいている。予報では、台風の上陸は一〇日なので、それまでにできるだけ前進したい。三時三〇分に目を覚ます。外は雨だが、とにかく仕度をする。先日の雨では、リュックの中もびしょ濡れになったので、すべてをゴミ袋で包む。少し小降りになり、出発することにした。仁木町はフルーツの町で、サクランボ、メロンの即売店が並んでいるが、早朝なので閉まっていた。右足の筋が痛い。早く目を覚ましたので、寝不足のせいか足取りが重い。

蛍光色の雨具が、雨の中で鮮やかに見えるようだ。稲穂峠への登り道が続く。一二三〇メートルの稲穂トンネルには、歩道はなく、路側帯と呼ばれている五〇センチぐらいの道があった。大型トラックが頻繁に通る中、緊張して通り抜けた。

国富の高橋旅館の夕食は大変な御馳走だった。ウナギのカバ焼き、タラバガニ、ウニ、ヒラメ、ポテトサラダ、牛肉焼、アサリのすまし汁。どれもボリュームがある。朝食もウニ、イクラ、シャケ、玉子焼、ハム、カボチャほか。これで五五〇〇円。

夕食後、岩内教育委員会の浜上俊治さんと村山清幸さんが見えた。一九九八年、札幌で「ベトナム報道三五年」写真展を催した時、岩内《いわない》町へ寄って岩内高校で講演をした。その時、お二人にお世話になり、講演の後、積丹《しゃこたん》半島を案内していただいたことがある。

メロンの収穫

9日[国富〜岩内町 11・5キロ]。台風が近づき、雨の降るなか、少しでも進んでおこうと岩内へ向かう。一一・五キロの歩きは楽である。道路から農家でメロンの箱詰めをしている様子が見えたので、お邪魔した。千保努さん(七二歳)、シズ江さん(六八歳)夫妻と長男の和寿さん(四〇歳)、そして夏休みで泊りがけできているお孫さんたちが、共同で作業をしていた。千保さんのつくる雷電メロンは、味、販売とも好調で、沖縄へも送っている。送料含め八キロで五〇〇〇円。みんなでの箱詰め作業からは、明るい農家を感じた。雷電メロンのパンフレットに、和寿さんの花嫁募集が掲載されていた。大きなメロンをいただいたが、食べ頃は一週間後という。それまで持って歩くの

メロンに囲まれた千保さん一家．室内に爽やかな香りが漂っていた(北海道共和町)

は、荷物が重くなりそうだ。

10日［岩内町滞在］。上陸が予想された台風は、道東にそれたが、朝から雨が降り続いている。この機会にアフガニスタンの原稿を書きあげてしまおうと思った。そうすれば厚い資料を持ち歩かなくてすむ。朝食は、近くのコンビニで買ってきた野菜サンド、ジュース、ヨーグルト。昼は醬油ラーメン。夜八時に原稿を書き終え、近所の食堂に行く。

11日［岩内町～雷電温泉 13キロ］。アフガニスタン資料と千保さんからいただいたメロンを自宅へ送った。リュックがその分だけ軽くなった。

歩くペースは、一日二七－二八キロぐらい

がちょうど良い。しかし、その距離の場所に民宿、旅館など宿泊できる施設があるとは限らない。それで、今日は一三キロになった。

小雨が降る中、岩内を出発してしばらくすると、三五七〇メートルの雷電トンネルがあった。車道から一段高くなった歩道があるので、心配はない。それに、蛍光色の上下の合羽を着ている。トンネルを抜けるのに、約一時間かかった。

夏休みで、どこの宿泊施設も混んでいた。民宿が満室だったので、夕食付き一泊一万円という温泉ホテルに泊った。今回の旅で一番高い宿泊だったが、他になかったので仕方がない。

12日［雷電温泉～黒松内町《くろまつない》　35キロ］。内陸を歩くより、海岸線のほうが写真として面白い。ウニをとっている船が、あちこちで見られた。少し先では、五人の男女がスプーンのようなもので、ウニを殻からすくい取っていた。殻に入ったウニをいただいたのでスプーンで食べた。

海岸には、旨そうなウニ丼、焼魚に刺身定食と書かれた食堂があったが、コンビニで買った野菜サンド、野菜ジュース、ヨーグルト、ゆで玉子を小学校の花壇の横で食べた。このところ定番の昼食となっている。軽食の方が歩きやすいように感じる。

衰退する酪農

雷電国道から離れて、長万部《おしゃまんべ》へ向かう内陸の道道9号に入った。足のリハビリのため散歩している七六歳の岡部政治さんに挨拶をした。酪農をしていたが、病気になったために牛を処分して、年金生活をしている。息子は倶知安《くっちゃん》で働いており、妻と二人で住んでいた。できれば農場、畑を人に貸すか、譲るかしたいが、希望する人がいない。毎年、一軒、二軒と酪農をやめていくとのことだった。黒松内駅前の及川旅館泊。清潔な良い旅館だ。

13日［黒松内町～長万部町　20キロ］。蕨岱《わらびたい》駅の近くにいた人から、大きな声で「寄ってけ」と声をかけられた。駅で一夜を過ごしたという久米井幸広さん（五三歳）。稲穂峠へ向かって歩いている時、自転車から手をあげて合図をした人だ。秋田から三週間、旅を続けている。持ってきたお金はできるだけ使わないで、農作業などの手伝いで収入を得て、その分だけ、長く旅をする。いつ帰るかは、決めていないとのこと。まさに、自転車に乗る自由人だ。

駅は電車の車輌を改造してある。旅人が自由に泊れるようになっていて、寄せ書きノートまで置いてあった。このような施設は、若者、貧乏旅行をする人には有益だ。

寝台車

14日［長万部町～八雲《やくも》町　30キロ］。六時過ぎ頃、特急カシオペアが長万部駅に停車した。朝食の用意をしているのだろうか、食堂車でウェイトレスたちの動きが見えた。私も一度乗ってみたいと思っていたのだが、車体を見たのは初めてだったので嬉しくなった。歩いていると、北斗星一号、小樽号、エルム号などの寝台車が次々と通り過ぎていった。今回の旅で初めて太平洋側を歩いた。日本海側には海に突き出た崖、岩などが見られたが、太平洋側は茫洋として、海の彼方にアメリカ大陸を想像させた。

これまでの旅館の夕食は魚が中心だったので、久し振りに焼肉店に入った。何年前に焼肉店に入ったか、覚えていない。カルビ、レバーと生野菜を注文した。生ビール一杯の後、焼酎を飲もうと思ったら、韓国のジンロのハーフボトルが九〇〇円と言われたので、一本買って全部飲んでしまった。

15日［八雲町八雲～同町落部《おとしべ》　16キロ］。敗戦の日。毎年、政府主催の戦没者慰霊祭が行われる。大変良いことだと思う。しかし、日本の軍隊によって生命を奪われた他の国々の人のことも考えて欲しい。中国の南京へ行くと、「南京虐殺記念館」があり、中国人が日本軍に殺されている写真が展示され、庭には、男性たちが腕を縛られて連行されている大きな彫刻が立っている。撫順には、日本軍に殺された村民の遺骨を並べた「平頂山事件」記念館があった。フィリピン・マニラ市には、日本軍に殺された子どもを抱く母親の像が立っている。自国の戦争はどのようなものであったのか、この国はきちんと総括していない。八月一五日になると、あらためてそのことが頭に浮かんでくる。

高校野球

甲子園の沖縄尚学対市立岐阜商の試合が、気になっていた。八雲の漁村を撮影している時、「新聞に載っていた人ですね。家に寄って、話を聞かせて下さい」と言われたので、話しながら、野球を見せてもらうことにした。家の佐藤副武《そえむ》さんは、ホタテ漁業をしている。お盆だったので、娘と婿、その両親、孫たちが来ていてにぎやかだった。試合は三回に進み、尚学が1対0で勝っていた。副武さんが育てたホタテの刺身が皿いっぱいに盛られた昼食をごちそうになった。ホタテは稚貝から育て、二年で出荷できる。一時は、一キロ二四〇円したが、今年は八〇円と下がった。原因は過剰生産とのこと。「ここが我慢のしどころ」と言いながらも、北海道産焼酎「サッポロソフト」を飲み、孫たちに囲まれた副武さんは幸せそうな表情をしていた。試合は尚学が勝った。

沖の養殖場から運ばれてきたホタテの仕分け作業
（北海道寿都町）

16日「落部〜赤井《あかい》川《がわ》 30キロ」。石倉漁港でホタテ養殖の籠を交換するために出入港する漁船、漁民を撮影。

歩いていると、函館市在住で沖縄出身の大城忠さんが待っていて赤井川まで一緒に歩いた。大城さんは内科の医師で、三〇年以上北海道に在住している。

「森の中の小さな家」泊。宗谷を出発してからペンションに泊るのは初めてだ。浴室、ダイニングルームも広くて、感じが良い。

◉人の善意をいただく

旅の中で出会った人から、いろいろなものをいただいた。そこには、いただいた人の善意がいっぱいつまっていた。旅に出る前には思ってもいなかったので、とても嬉しかった。

四国八八ヵ所の遍路では「お接待」といって地元の人がお遍路さんに物を施す風習があるようだ。その理由として、お遍路さんは弘法大師と一緒に旅をしていて、お遍路さんへの接待は、弘法大師に接待することと同じで大師の功徳が得られる。また、お遍路さんは自分の代わりに巡礼しているとの気持ちもあるからという。お接待には飲物、果物、菓子、お金などいろいろある。

以前、ラオスの古都ルアンプラバンで僧侶の托鉢《たくはつ》を撮影した。午前六時、市内にあるたくさんの寺院から大勢の僧、子どもの修行僧が一斉に寺を出て托鉢して歩く光景は壮観だった。僧にお布施をする人たちは道路にひざまずいて、次々とくる僧の抱える鉢に飯を少しずつ入れていく。お金を寄進する人もいる。托鉢は毎日行われ、人々は毎日お布施をするのだ。

ラオスは上座部仏教（小乗）である。こうした托鉢の様子を同じ上座部仏教のタイ、ミャンマー、カンボジアでも撮影した。仏教徒は、功徳を積むことによってより良い来世を迎えたい、という気持ちからお布施を行うと聞いた。人々は輪廻転生を信じ、次に生まれ変わる時は現在よりもっと幸福な生活を送りたい。来世でも徳を積む、そのことをくり返し、究極の願いは、苦しみ、欲望、煩悩《ぼんのう》を無くしてお釈迦様のように悟りを開いた後、涅槃《ねはん》につくことだという。そのために礼拝《らいはい》を欠かさない。寺院に多額のお金を寄進する人もいる。ミャンマーを案内してくれた女性の通訳は、寺院へ行くたびに熱心に祈っていた。彼女も輪廻転生を信じていたが、次に生まれてくる時は男に生まれたいと言っていた。何故なら、涅槃を達成した釈迦は男性であり、女性はいくら徳を積んでも仏陀にはなれないからという。

ネパールのカトマンドゥーにあるパシュティナート川のほとりでは、薪を積み死体を火葬していた。その灰は川に流されたが、輪廻転生を信じ、墓はつくらないのだと聞いた。

アフガニスタンを取材した時、モスクで礼拝が行われていた。イスラム教に輪廻転生はなく、モスレムの願いは天国へ行くことにある。そのために「信仰の告白」「礼拝」「断食」「喜捨」「巡礼」の五行がある。

死後、アッラー（神）による最後の審判で、天国へ行くか地獄へ行くかが決まる。五行を忠実に守っても天国へ行ける保証はなく、あくまでも神の裁きにかかっている。ジハード（聖戦）の戦士になることも天国へ上るひとつの方法となる。イラクで続いている「自爆攻撃」も、ジハードと考えている人がイスラムの国にはずいぶんいるとのことだ。

私の信仰心は、困った時の神頼み程度なので、アジアの仏教国、イスラム国を旅行するたびに人々の厚い信仰心にいつも感心している。

今回の旅の中で感じたのだが、誰でも親切心は持っている。しかし、今は、それをあらわす場所や機会が少ない。例えば私が子どもの頃、下駄の鼻緒が切れて困っていると、知らないおばさんに鼻緒をすげ替えてもらって嬉しかったことを憶えている。

当時、そのような経験を誰もが持っていた。

今では下駄を履いている人がいないから、そのような親切を与える喜びも受ける喜びもない。汗を流して歩いている人を見れば、誰でも冷たい飲物をあげたくなるだろうと思う。しかし、歩いている人は少なく、自動車、オートバイに乗っている人は喉が乾けばコンビニでペットボトルを買う。

旅の中では何かをいただくことによって、話がはずむことが多かった。

北海道寿都《すっつ》町能津登《のつと》で、ホタテの殻から貝柱を出しているおばあちゃんに挨拶すると、どこまでいくのかと聞かれた。歩いて旅をしていると答えると、取り出したばかりの貝柱を、食べなさいと差し出された。ホタテの貝柱は潮の香りがして、かんでみると甘い味がした。私が沖縄出身と知ると、病気で亡くなった夫の兄が沖縄で戦死したと語った。その杉本知恵子さんは七七歳。義理の兄は杉本建二さん。一九四五年五月に二一歳で戦死した。近所にもう一人、沖縄で戦死した人がいた。六月二三日、毎年、岩内の寺で慰霊祭が行われ、先に亡くなった主人に代わって出席しているとのことだった。知恵子さんは沖縄へ行ったことがなく、もう行く機会がないかもしれない。

義兄の名も刻まれているはずだから平和の礎《いしじ》へ行くことがあったら私の代わりに祈ってあげてね、と言われた。

小さな漁村で思いがけず沖縄で戦死した人の話を聞き、敗戦の日に、あらためて戦争の悲劇を知らされた思いだった。

北海道七三〇キロ踏破

17日［赤井川〜函館市 30キロ］。ペンションの夏坂幸彦さんと途中まで一緒に歩いた。七飯《ななえ》町の一三キロ続く赤松街道は見事である。明治九年に植えられ、現在一四八〇本残っているという。赤松並木は、函館市の入口、桔梗《ききょう》町まで続いていた。函館からフェリーで青森に渡るので、北海道の旅は今日で終わりとなる。約一ヵ月、歩けど歩けど北海道といった感じだった。距離が長かっただけ、思い出も多い。函館駅へ近づき、予約してあった函館プラザホテルの看板が先に見えた時は、とても嬉しかった。やったぞ、という気持ちだった。七三〇キロを歩いたのだ。部屋に入って荷物を整理していると、妻が到着した。電話では毎日話していたが、顔を合わせるのは稚内以来

函館－青森間フェリーが出航すると，カモメが餌を求めて飛んできた

である。

大城さん宅で、沖縄県人会の人たちと楽しくお酒をいただいた。

18日［函館市滞在］。午前中は原稿書きと駅前撮影。新聞、雑誌社へ原稿と写真を送った後、大城忠さんの勤務する病院で、沖縄県人会、病院関係者の人たちと「戦争と平和」について話し合った。夜、函館山へ行ったが、ガスがかかっていて、夜景は見えない。ホテル近くの居酒屋で、妻と二人でビールを飲む。

フェリーの甲板

19日［函館市〜青森県青森市］。朝市を撮影し、ラーメン店へ。札幌はみそ、旭川は醤油、函館は塩が旨いというので、塩ラーメンを注文。ほんとに旨い。青森行のフェリーは一日七便が出港。乗船時間三時間四〇分。二等料金一八五〇円。一四時五〇分、フェリー乗船。

だんだん小さくなっていく函館の風景に、さまざまな思いが走る。足の痛み、リュックの重量、トンネルによるコースの変更……北海道ではいろいろとあった。

しかし、今となるとすべてが楽しい思い出に変わっている。北海道は広かった。宗谷岬から函館まで、一ヵ月以上かかってしまった。それだけにフェリー乗船は、徒歩縦断の旅で一番印象深いものとなるだろう。

甲子園球場では、沖縄尚学と江の川高校(島根県)との対戦が行われており、甲板でラジオを聞きながら、津軽海峡を眺めていた。トンネルの完成する前、青函連絡船「羊蹄丸」に乗って、一二月の冬景色を見ながら函館へ渡った時のことを思い浮かべた。

第二章　移りゆく日本を見る――東北・北陸

国連への自爆攻撃

8月20日［青森市滞在］。一九日、バグダッドの国連事務所が自爆攻撃で爆破された。デメロ国連事務総長特別代理が死亡したほか、一四〇名以上が死傷。アメリカ、イギリス軍のイラク攻撃を阻止できなかった国連に対する不満のあらわれとも思ったが、イラクの復興に力を尽くそうとしていた国連への攻撃に暗澹《あんたん》とした気持ちになる。

21日［青森市～五所川原市 30キロ］。朝が早いので人通りが少ない。コンビニで青森の地図をコピーする。

「北海道以外を歩いている」実感が湧いてくる。国道7号は、昔、羽州街道だったようであるが、昔のことより、今、人々がどのように生活しているかに興味が湧く。

自動車のスピードが北海道よりゆっくりしているように感じる。寝不足だったので、道

赤く色づいたリンゴ園と岩木山(青森県)

路の横でリュックを枕にして昼寝をした。

大釈迦《だいしゃか》から国道101号に入ったが、各所にラブホテルがあり、そのほとんどが廃業。なぜ、こんなホテルが多いのか疑問に感じた。格好の良い建物や庭が荒れている光景は、不況をあらわしているように感じられた。

22日［五所川原市〜鰺ケ《あじが》沢《さわ》町 25キロ］。岩木山が見えるが、残念ながら山頂に雲がかかっていた。雲が動くわずかな時間を見て、何枚か撮影。リンゴが赤くなっていた。メロン、スイカの即売所が道路に並んでいる。お年寄の女性三名に会った。

挨拶をすると、どこまで行くのかと、いろいろ聞かれた。記念写真を撮ると「お金を払うから送って」と言われたので、「お金はいいです」と言うと、大きなメロンを二個下さった。重いし食べきれないので、一個だけいただいた。

少し歩くと、野菜を売っていた女の人から「水がわりに食べていきなさい」と言われ、スイカを一個いただいた。包丁も貸してくれたので、その場で食べた。海岸に出ると、ちょうど夕日が落ちるところだった。尾野旅館の主人信子さんが衣類を洗濯して下さった。

岩木山地から流れる水でスイカ，トマトなどを冷やしていた(青森県鰺ケ沢町)

五能線　23日［鰺ケ沢町〜千畳敷《せんじょうじき》17・5キロ］。五能線の撮影のため鰺ケ沢駅で時刻を調べていると、雨が降り始めた。急いで合羽を出し、カメラをリュックに入れ雨対策をした。

イカを干し、その場で焼いて

食べさせる店が並んでいる。一九九五年一月、冬の五能線を撮影した時、ちょうどこの周辺を歩いたことを思い浮かべた。

町の中に理髪店があった。髪ものびてきたので、店に入った。前半は妻、後半は夫と、夫婦で刈ってくれた。

千畳敷の望洋館に泊まった。二階の部屋からは海が見えた。一階の食堂で夕食をしていると、偶然、両国高校定時制の後輩、八木茂樹さんに会った。思いがけない再会で嬉しい。

24日[千畳敷〜深浦町 20キロ]。望洋館でもう一泊し、海を眺めながら一日酒を飲んでいたい、という誘惑にかられたが、うしろ髪をひかれる思いで出発する。

風合瀬漁港

風合瀬《かそせ》漁港に活気があった。昨日は海が荒れて出漁できなかったが、今日は一斉に船が出たという。次々と船が帰ってきた。サザエを網から外している人たちがいた。セリ場ではヒラメや天然のタイが並べてあった。

大勢の女性たちが男の中で仕事をしているのが目立った。船からクレーンで網を引き上げている女性もいる。網をシャワーで洗う、魚を運ぶ、魚の腹をさくなど、さまざまな仕事を次々とこなしている。港で働く女性をテーマに二時間近く撮影。

海岸の近くに捨てられた子猫が二匹いた。わが家に飯を食べにきている七匹の野良猫を思い出しながらカロリーメイトをやると、腹が空いているのかよく食べていた。歩き出すとついてきた。可哀相だが、連れて歩くことはできない。キャンプしていた数家族のところまで誘導して、私は逃げ出した。振り返ると、猫は子どもたちに抱かれていた。

漁網を洗う女性．男性と一緒に多くの女性が働いていた(青森県風合瀬漁港)

25日［深浦町～岩崎村十二湖《じゅうにこ》　20キロ］。未明、激しい雨が降っていた。リュックの中の衣類、書類、カメラ、フィルムなどをゴミ用のビニール袋で包んだ。雨用のカバーをしても、リュックの中まで雨がしみ込んでくる。35ミリ広角レンズをつけたライカM6を胸にさげ、タオルで巻く。90ミリ望遠レンズをビニール袋に入れてベストのポケットへ。北海道で買った蛍光色の雨具を着て、私の「完全雨装」は終了する。

雨が好きだ。雨音を聞き、樹木の葉が濡れて緑が濃く映えるのを見ながら酒を飲むのも良い。小雨の中を歩くのも良い。雨にはいろいろな思い出がある。

車にはねられたのか、道路に狸が死んでいた。これまでにヘビ、カラス、猫……、交通事故にあったいろいろな小動物の死骸を見た。

秋田県

26日[十二湖~秋田県岩館《いわだて》漁港 18キロ]。雨空なので、きょうも完全雨装。バス停に小学生の男の子がいた。夏休みが終わり、昨日から授業が始まったという。やがて子どもたちの乗っているスクールバスが迎えにきた。

一二時三〇分、「秋田県」という標識を見る。北海道は三四日歩いたが、青森は五日間である。次の県に進むことができたという喜びを感じると同時に、北海道の広さをあらためて知らされた思いだった。

雨の日はあまり撮影ができないので、早く宿に着いた。久しぶりにズボンを洗濯しようと思ったら、宿の女将《おかみ》さんがシャツやベストまで洗ってくれた。

27日［八森町岩館～能代《のしろ》市　33キロ］。岩館港、八森港で〝海の男〟をテーマに撮影。底引き網の修理などをしていた。九月から六月まで主としてカレイ、ヒラメの漁をする。七月と八月は休漁。九月の漁業開始を前にしての準備作業だった。

28日［能代市～八郎潟《はちろうがた》町　30キロ］。急に雲行きが怪しくなり、雨が落ちてきた。天気予報に気をつけなかったことを後悔しながら、住宅の軒先を借りて完全雨装した。

「羽州街道」の標識を見かけたので、国道７号からそれて旧道を歩いた。お寺から住職と思われる人が出てきた。当時の面影を残しているものはないか、とたずねると、松の木を教えてくれた。

雨脚が強くなると、そのたびに雨宿りをして小降りになるのを待った。八郎潟駅の佐藤旅館に着いた時は七時を過ぎていたが、宿の方が、傘をさして待っていてくれた。

「メンソーレー（いらっしゃい）」と言って、傘を持った男性も近づいてきた。八郎潟で稲作をしている沖縄県出身の崎浜秀伸さんだった。沖縄タイムスの大城弘明記者からの連絡で、もうそろそろ着く頃だろうと待っていたとのこと。雨の中を外で待っていた御三人の好意に感激した。宿で三〇年前に入植した崎浜さんの苦労話をうかがった。

◉沖縄人との出会い

歩いていると「どちらから来ましたか?」とよく聞かれた。どちらという言葉は現住所イコール出身地というように考えられていることに気がついた。歩き始めの頃は「長野からです」と、いま住んでいる場所を答えると、「ああ長野県の方ですか」と、私を長野出身と思い込んでしまう人が多かった。本州に入ってからは「北海道から歩いてきた」と言うと、「北海道の方ですか、あちらはもう寒いでしょう」と言われた。そこで、「今は長野に住んでいますが、生まれは沖縄です」と言うようにした。

五歳の時に本土に来てから、ほとんど千葉県で生活していた。だが、私は千葉県人でもないし、長野県人でもない。やはり沖縄人という意識が強い。それは高校野球甲子園大会の時の感情にあらわれる。沖縄の出場校が千葉県か長野県の学校と対戦した場合、何の迷いもなく沖縄を応援する。

甲子園で沖縄出場校の対戦がある時は、何をおいても試合を見るようにしている。

徒歩の旅では沖縄出身の人との出会いがあり、とても嬉しかった。

道路で私の通るのを待っていて下さった沖縄出身の川平康雄さん(五〇歳)は、妻のかよ子さん、長男と三人で北海道羽幌市内に住んでいる。康雄さんは、廃校となった小学校の校長宅を借りてアトリエにしていた。康雄さんは絵を描き、彫刻もするのだ。アトリエは、家は古いが風情があった。かよ子さんが泡盛の「どなん」とホタテの刺身をだして下さった。北海道で与那国島産の「どなん」が飲めるとは思わなかった。

本土での生活を体験したいと、お二人は二五年前に石垣島を離れた。一時、東京にいたが、かよ子さんは看護学校に通って助産婦となり、北海道職員として旭川の病院に勤務した。かよ子さんの転勤で康雄さんも網走、紋別に住み、羽幌に移ってきたのは一〇年前だった。

「北海道は季節感がハッキリして、四季の変化がきれいですね。それに野菜、魚、果物など食べ物が美味しい。北海道での生活も気にいっていますが、沖縄を離れて生活するようになって、はじめて沖縄の良さが分かりました。沖縄のテーゲー的なところが良い。将来は、故郷に帰ってのんびりと生活したいと考えています」と語る康雄さん。かよ子さんも夫と一緒に帰るとのことだった。「テーゲー」というのは沖縄の方言で、「大まか、のんびり、悠長、楽天的」などを意味している。

私も新聞社を辞めた時、沖縄に帰ろうと、沖縄北部の海のすぐ近いところに小さな土地を用意した。しかし、東京の近くにいる方が仕事がしやすいと考え直し、東京へ日帰りのできる長野県の諏訪市に住むようになった。いま、将来、沖縄に帰るかどうか決めかねている。本土での生活が長いので、東京とその周辺に友人が多い。年をとるにつれ、友人たちの存在を大きく感じるのだ。

北海道・落部から赤井川まで一緒に歩いた大城忠さんは、北大医学部で学び、八雲町の病院長をしている。沖縄の読谷《よみたん》高校出身なので、私と一緒にベトナムを旅行した写真家の比嘉豊光さん、沖縄タイムスの大城弘明さんとも同窓だった。

那覇市にゴールした日の夜、市内で行われた祝賀会に忠さんも出席して下さった。その場に豊光さん、弘明さんもいて、里帰りしていた忠さんは読谷高校の同窓生と久し振りの顔合わせとなったようだ。私も沖縄で忠さんと再会できると思っていなかったので、徒歩の旅達成の喜びが一段とふくらんだ。

秋田の八郎潟駅に近い旅館前で、どしゃ降りの雨の中を傘をさして待っていて下さった崎浜秀伸さんは、名護市の出身。東京で大学卒業後、教員、会社勤めをした。その時に結婚した秋田県出身の栄子さんから八郎潟干拓地のことを聞いて研修を受け、一九七五年に入植した。農作業の経験のない秀伸さんにとっては、トラクター、コンバインなど農機具の使い方を覚え、害虫駆除などの仕事に慣れるまで苦労の連続だっ

水田で殺虫剤を散布する崎浜さん(秋田県八郎潟町)

た。時にはくじけそうになるそんな秀伸さんを支えたのは、栄子さんの協力であり、苦労して育てた稲の収穫時の感動だった。

減反、米価の下落など頭を悩ませる問題もあった。しかし、一生頑張り続けるのだ、と一五ヘクタールの水田に取りくんでいる。

徒歩の旅出発前は、康雄・かよ子夫妻、忠さん、秀伸さんに会うことは思ってもいなかった。沖縄を離れて、それぞれ違う生き方をしている三人の生き方から、私は元気をもらったような気持ちになった。

沖縄修学旅行研修会

29日［八郎潟町〜秋田〜高崎〜長野市］。徒歩縦断中は歩きつづけることにしていたので、八月に催された帯広市、岡谷市、伊那市、飯田市での写真展には作品だけを送り、会場には行けないことの了承を主催者からいただいていた。しかし、長野市の高校会館で催される沖縄修学旅行の研修会にはぜひ参加したかった。

長野県の高校の約七〇パーセントは、沖縄へ修学旅行する。その生徒を引率される先生方の研修会だった。沖縄戦、アメリカ軍基地とベトナム、カンボジア、サラエボ、ソマリア、アフガニスタンのスライドを見ていただきながら、私の見てきた戦争について話すことになっていた。故郷、沖縄に関することであれば、できるだけのことはしたかった。

しかし、旅の途中、自宅には帰らないことを心に誓っていたので、妻にスライドをホテル気付で送るように頼んだ。旅のルートからはずれて用事で自動車や電車に乗った場合、元の地点に戻って歩き始める。長野での講演が終わったら八郎潟に戻るので、リュックは宿にあずかってもらった。五時起床。八時七分発の秋田行普通列車に乗り、新幹線経由で一六時半に長野に着いた。宿舎の臼井館に行く。夜、ベトナム、アンコールワットの旅で一緒だった長野の高校教員、司書の方々と久し振りに会う。旨い生ビールを飲んで楽しい夜だったが、諏訪市の私の家からそれほど遠くないところにいると思うと不思議な気持ちだった。

30日［長野市滞在］。午前中、スライドを点検しながら講演準備。午後、高校会館で講演。修学旅行で生徒たちを沖縄へ引率される先生方は、沖縄については詳しく研究されている。そこで私は沖縄出身、ベトナム戦争取材経験者の立場で「ベトナム戦争と沖縄」、「沖縄復帰」、「本土在住の目から見た沖縄」などに関して話した。

31日［長野市〜大宮〜秋田〜八郎潟町］。八時四五分発新幹線で大宮に向かう。この時刻に中央本線に乗れば、塩尻経由で一一時までには自宅に着く。近くて遠い我が家である。東北新幹線で秋田着。東京に住む友人麻生芳伸さんの紹介で、今日は能代市在住の有志の方々が徒歩の旅の「励ます会」を催してくれることになっていた。余裕をみて時間をとってあったが、東能代で乗り換えを忘れ二ッ井まで行ってしまい、少し遅れてしまった。久し振りに電車に乗るとうまくいかないものだ。お酒を飲みながら地元の人々と交流ができた。その後、八郎潟まで送っていただいた。

八郎潟の水田

9月1日［八郎潟町〜秋田市土崎《つちざき》 23キロ］。沖縄出身、崎浜秀伸さんの八郎潟にある水田に行く。広々とした水田で時々、スズメを追う爆発音が聞こえた。道路わきの小屋にはトラクター、コンバインほか農機具がたくさん並んでいた。青サギが水路の魚を狙っていた。稲が穂をつけている。徒歩の旅の間に収穫は終了するだろう。

空には秋を感じさせる雲があった。ガマの穂のある湿原が見られた。子どもの頃、よく見かけたガマの穂は今でも好きだ。土崎では、「週刊金曜日読者会」の方々が倉田芳浩さんのお宅に集まって下さり、地元の話をうかがったり、私の戦争取材体験を話したりと楽しい時間を過ごした。

２日［土崎～岩城《いわき》町　23キロ］。秋田を「パチンコ天国」と呼ぶ人もいる。前に地震があった時、副知事がパチンコをしていて、対策を怠ったと話題になった大きなパチンコ店があった。米どころの秋田に派手で奇抜なパチンコ店があちこちに建っていて異様に見えた。「未来にいのちをつなぐ会」の亀井慶子さんとほかの方々の案内で、三菱マテリアルの放射性廃棄物の処分場を見た。資料もいただいたので、旅が終わったらこうした問題を勉強したいと思う。

友情を育てる教育

３日［岩城町～本荘《ほんじょう》市　21キロ］。ワタリガニの網をたたんでいるご夫婦がいた。奥さんがとても感じが良く、明るい声でいろいろ話して下さった。日本語が上手なので気が付かなかったが、「私は中国人です」と言った。吉林省の出身で、日本に来て六年になるとのこと。夫の漁業を手伝いながら、大学の講師として、学生に中国語、社会人にハングルを教えている。社会人はよく勉強するが、学生はあまり熱心でな

漁協に水揚げされてきたワタリガニ(秋田県西目町)

い。小学校も含め日本の学校は勉強が主な目的で、友情を育てたり生徒の才能をのばすような教育に欠けているように思う、と話していた。ほかの国の人には日本の現状がよく見えるようだ。

サイン　亀井慶子さんのお宅に「未来にいのちをつなぐ会」の方が大勢集まって、盛大な歓迎会を開いて下さった。私の本を買って下さった人と会うことができるのは嬉しい。『ベトナム解放戦争』『戦場カメラマン』『ベトナムロード』などの本を持っていた方々にサインをした。心に残る本荘の夜だった。

4日[本荘市〜象潟《きさかた》町　33キロ]。海岸沿いの道を歩いていると、小型トラックで追いかけてきた人が「私がつくったリンゴです」と、ビニール袋いっぱいの赤いリンゴを下さった。

西目町《にしめ》の漁港では大勢の漁民たちが働いていた。ワタリガニ、天然の車エビ、キスがあがっていた。七月―九月はほかに岩ガキ、アワビ、サザエ、タコが採れる。一二月―二月ヤリイカ。三月―四月カレイ、ヒラメ、飯ダコ、五月―六月タイ、アジ、一〇月―一一月禁漁。一二月ハタハタ、タラなど。多くの漁民は「昔のように魚が採れなくなった」と口を揃える。原因として漁船、漁網の大型化による大量捕獲、さらに地球の温暖化によるものか、気象、海温の異常などが考えられるとのこと。資源保護のために毎年一〇月、一一月は禁漁、ハタハタは三年の禁漁などの措置がとられている。

5日［象潟町～山形県遊佐《ゆざ》町吹浦《ふくら》 18キロ］。漁港から鳥海山がかすんで見えた。東北に入って天候が安定せず、岩木山、鳥海山の眺めが良くない。

芭蕉が弟子の曾良《そら》と歩いたという三崎の峠があった。タイムマシンがあれば、カメラを持って芭蕉の後について歩いたら面白い風景が撮影できたろうと思ったことがある。

芭蕉だけでなく、江戸時代、象潟にも来ている伊能忠敬、忠敬の後輩でサハリンを回った間宮林蔵の本を読みながら、私はカメラマンの目で当時を想像した。アフガニスタンのバーミヤンに行った時も、玄奘三蔵《げんじょうさんぞう》と一緒にカメラを持って歩いていたら、面白かっただろうなと思った。女鹿《めが》から湯ノ田《ゆだ》温泉を通り十六羅漢を眺めながら吹浦へ向かう海岸沿いの道はとても良かった。

6日「吹浦～酒田市 20キロ」。吹浦の国民宿舎には「ツーデーズマーチ」に参加する人々が泊まっていた。一〇キロ、二〇キロ、五〇キロとコースに分かれて歩く。五〇キロコースの方は一時間で五から六キロ。一日三〇キロ前後がやっとの私には、すごい距離である。できるだけ荷を軽くするとのことで、一三キロある私の荷物を見て驚いていた。

八年間かけて各地を三万キロ以上歩いたという方がいた。

私も慣れて、一時間四キロくらい歩く時もあったが、なにしろ撮影をするので、短い距離でも一日がかりの旅になることが多い。

名所、旧跡、美術館は、時間がないので寄らないことにしていたが、尊敬する大先輩、写真家の土門拳記念館には寄ろうと考えていた。

◉旅の先輩たち

一九九九年一月から二〇〇一年にかけて伊能ウォークが行われた。一万二〇三〇キロを五回に分けて五七四日で歩いている。忠敬の歩いた跡をたどるのも、旅のひとつの方法である。

伊能忠敬は、よく知られているように日本地図を作製した。本でその地図を見ても現在の地図帳とくらべてかなり正確なので驚く。忠敬は商人だったが家業を息子に託し、一八〇〇年、五五歳の時から一七年かけて各地を回り地図をつくった後、七二歳で死去している。

このエネルギーはどこからきているのか。学んだ天文暦学から地域を測量して地図という形にあらわしていくことが好きだったからだろう。だれかから命令されたのではなく、自費で地方へ行っている。

地図をつくり出していく喜びと共に、地方を旅する興味もあっただろう。旅というより探検といえるかもしれない。興味、関心、別の表現をすれば野次馬根性は、大きな力になる。

　ここで自例をだすのは気が引けるが、どうしてベトナムで四年間も従軍生活を続けていたか。それは義務感、使命感ではなく、戦場に対する興味、関心が優先したといえる。カンボジア、サラエボ、ソマリア、アフガニスタンへ行ったのも、現地がどのようになっているか知りたい気持ちが先で、報道は二の次だった。

　象潟を歩いている時、「ここを伊能ウォークの人たちが通りましたよ」と道で会った人がいっていた。秋田県の象潟に

左：芭蕉が歩いた旧道（秋田県象潟）．右：芭蕉の像．「荒海や佐渡によこたふ天河」を詠んだ（新潟県出雲崎町）

は芭蕉も寄っている。芭蕉は一六八九年三月二七日(陰暦)、弟子の曾良とともに江戸の深川を出発した。この時芭蕉四六歳、曾良四一歳。日光、福島から太平洋側の石巻、そして日本海側の酒田へ横断。新潟、金沢、福井、大垣まで歩いた。

この距離はおよそ六〇〇里、二四〇〇キロ、とよくいわれているが、金森敦子の『芭蕉はどんな旅をしたのか』(晶文社)によると全行程四五〇里(一七六七キロ)、江戸から大垣まで全日程一四三日の旅で歩行日数五二日。芭蕉は一日平均、約三〇キロ弱歩いたとしている。

東海道、中山道など旅をしていた江戸時代の男性成人は、一日平均四〇キロぐらい歩いていたようだ。大石内蔵助が京から江戸へ下ってきた時も、一日四〇キロぐらい歩いた計算になる。芭蕉は旅をする時なにを考えたのだろう。未知の土地への興味と関心か、自然や人々の生活を見て俳句を詠みたいという気持ちが優先したのか。芭蕉は「長い旅を思いついたが、苦労も多いことだろう。しかし、見たことのない世界が待っている。生きて帰ることができたら幸いだ。あまり頼りにならない幸運に期待をかけて」出発したと『奥の細道』に書いている。初めてみる風景や人の生活に対する興味は、旅の大きな魅力にもなっていただろう。また、東北へ向かった動機には西行の影響もあったようだ。芭蕉の旅の約五〇〇年前である。

西行は武士だったが、二三歳の時に妻子を捨て出家した。家にいてくれとすがる四歳の娘を縁の下に蹴落とす話、一七歳年上の待賢門院に恋をする話などが残されているが、西行の一面をあらわしていて興味深い。

芭蕉も西行の人間性に魅力を感じたのだと思う。芭蕉は酒田から旅の目的地とは反対方向の象潟に行ってまた戻ってきているが、それは西行の見た象潟を自分の目で確かめたいという気持からだったのだろう。当時の象潟は松島のようにたくさんの島があり、絶景だったようだ。

西行の東北の旅の前に能因法師が東北へ行っており、西行は能因法師の旅路をたどっている。能因法師も象潟に寄っていた。能因法師は三〇歳ぐらいの時に出家して旅に出ているが、今から一〇〇〇年も前のことである。

旅館や食堂もなかった時代、食料、宿など地元の人の厚情を受けないと旅は難しかった。その点で、出家したことは旅をするうえではプラスになっていたと思われる。

熊本県の日奈久《ひなぐ》温泉に寄った時、山頭火が泊っていたという木賃宿「織屋」を見た。現在は宿として使用されず、記念館のような形で保存されている。山頭火の本名は種田正一。一八八二年、山口県佐波郡(現防府市)生まれ。早稲田大学中退後、故郷へ帰り二七歳で結婚、長男誕生。種田酒造場の仕事をしながら俳句創作活動に入るが、三四歳の時に破産、妻子とともに熊本に移り古書店を開業。その後、一時上京するが、一九二五年、四三歳で出家、翌年から行乞《ぎょうこつ》放浪の旅に出た。

山頭火の旅は九州が多いが、山陰、山陽、四国八八ヵ所巡礼、最北端は岩手県の平泉へ行っている。平泉は一〇九四—一一八九年、奥州藤原三代によって寺院文化が栄えた場所である。能因法師が訪れた頃の平泉はまだ初代清衡が居を構える前だったが、西行が訪ねた頃は中尊寺が建立され、藤原氏が栄華を極めていた。桜の好きな西行は冬から花の咲く春まで滞在している。

山頭火は旅の中で荻原井泉水《おぎわらせいせんすい》が書いた『旅人芭蕉』を読んでいたという。芭蕉の約二五〇年後の一九三六年、平泉へ行っている。こうしてみると能因法師の旅は山頭火まで結びついてくる。

山頭火は歩いた後、風呂に入り酒を飲むことが好きだったようだ。かなりの酒好きで、行乞をしている間の昼にも一杯やっている。旅先の安宿で猿回し、行商人、お遍路さん、押売り、按摩などいろいろな人が一緒に泊って世間話している様子は、現在にはない世界が感じられて面白い。そのような旅の中から山頭火の句が生まれている。山頭火の歩いた下関、長門、芦屋町、嬉野など、私の旅と重なる場所もずいぶんあって親しみを感じる。一九四〇年、松山市で五八歳で亡くなった。死因は心臓麻痺だった。

土門拳記念館

土門拳は一九〇九年酒田市で生まれた。日本の報道写真の先駆者として、人間の素顔を克明に撮影した。一九五九年、五〇歳の時に撮影した『筑豊のこどもたち』は、石炭から石油にエネルギーが変わるなかで、見捨てられていく炭坑と、そこに生活する子どもたちを写した。当時、一〇〇円だったこの写真集は、大きな話題を呼んだ。

また、『古寺巡礼』など寺院や仏像の撮影も芸術に対する執念を表すものと高く評価された。土門拳は全作品を酒田市に寄贈。八三年、記念館が完成した。九〇年、土門拳は八〇歳で他界。

7日［酒田市〜鶴岡市由良　32キロ］。日曜日なので、湯野浜海岸には若者、家族連れの姿が見られた。若者たちは、車で水上バイク、椅子、テーブルを運び、水上スキー、バーベキューを楽しんでいる。私たちの若かった時代を思うと、日本も豊かになったと思う。加茂漁港は釣りに来ている家族や子どもで賑わっていた。

地図にも掲載されている大型遊園地「ゆのはまランド」のゲートが閉められていた。不況で入園者が少なくなったのが原因である。この遊園地で楽しい思い出をつくった子どもは大勢いたことだろう。これから遊園地がなくなって、子どもたちはどこへ行くのだろう。

中小企業、個人に貸した金は容赦なく取り立てる銀行も、大金を貸した大企業の借金は不良債権として処理してしまう。倒産する前に高額給料や退職金をもらった役員は、その金で豪邸を買って住んでいる。そんな銀行に対し国は支援している。いまだに返済で苦しんでいる小企業経営者の友人たちを見ると、弱者に強く、強者に弱い日本の体質がよく分かる。遊園地は国営にしたらどうかと思った。

8日［由良～温海《あつみ》町鼠ケ関《ねずがせき》 26キロ］。途中で歩いてくる人に会った。珍しいので、「どちらまで」と聞いた。新潟の村上から青森の龍飛岬まで走る予定だったが、疲れたので酒田まで歩いて、電車で青森へ行き、また走ってみるとのことだった。

今年、大学を卒業したという青年に声をかけられた。私の徒歩縦断を知り、同行したいという。鼠ケ関までともに歩いたが、後は別行動にしてくださるようお願いした。私の歩く理由のひとつに、自由時間を楽しみたいという気持ちがある。ほかの人が一緒だと、どうしても気を遣ってしまう。「申し訳ない」と青年にお詫びした。

塩づくり

9日［鼠ケ関～新潟県山北《さんぽく》町板貝《いたがい》 20キロ］。海水から塩を作って販売している店が数軒あった。塩を作っているところを見せてもらった。木材が燃えて海水が煮詰められていた。一五時間かかり、一〇〇〇リットルの海水から一・八キロの塩がとれるとのこと。私も沖縄へ行くと、いつも塩を買ってくる。

日本海沿岸の道路を歩きながら、集落のあるところでは旧道を歩くようにしている。そこでは人々の生活の一端をうかがうことができる。でも、外に出ている人は少ない。私の

板垣京子さんの向こうに広がる水田．稲を育てるのが元気の素（新潟県山北町）

子どもの頃は、外にある共同水道に主婦たちが集まって〝水道端会議〟をしている風景が見られた。子どもたちも、メンコ、ビー玉、ベーゴマ競いをして、外が遊び場所だった。現在、大人も子どもも家の中にいる。テレビを見ている人が多いのだろう。

それでも夕方の涼しい時間になると、外に出ている人を見かける。海を眺めながら夕涼みをしている母と子の姿があった。久しぶりに昔の日本を思い出す良い光景を見たと思った。

小さな農村で、板垣京子さん（八〇歳）が水田を見ていた。二反の水田で、毎日、稲の成長が楽しみとのことだった。夫は近くの中学

「笹川流」. 11キロにもなる美しい海岸. 魚が旨い民宿もある. 歩行にお薦めのコース(新潟県山北町)

校の校長だったが、定年後亡くなり、四人の子どもは独立して一人暮らしをしている。しかし、一〇人の孫がいて親とともに訪ねてくるし、村の人との交流も多いので、幸せな気持ちで日々を送っているという。とても良い表情だった。

10日［板貝～村上市瀬《せ》波《なみ》温泉　27キロ］。県立自然公園に指定され、「笹川流《ささがわながれ》」と呼ばれているこの沿岸は、海の中にさまざまな形をした岩があって、歩いていて楽しい。

十日市　途中の集落で、十日市が開かれていた。魚、野菜、雑貨、衣類のテント店があった。魚屋さんの主人は、今はみんなが自動車を持っていて、村上市街の大型店へ買い出しに行くので、商売は厳しいと語っていた。しかし、市《いち》の開かれるのを楽しみに待っている人もいるし、その人たちとの交流も楽しいので、店を続けているとのことだった。海の近くの村で魚が売れるのかと思ったが、漁業をしている人は村で数人しかいないという。隣の店で、昼食代わりに大きなリンゴを一個買ったら、バナナ二本をオマケしてくれた。

11日［瀬波温泉〜紫雲寺《しうんじ》町藤塚浜《ふじつかはま》 20キロ］。また雨に降られる。魚の大型産地直売店があった。新潟の魚店は、テレビなどで紹介されている。閉まっていた店の前で、雨合羽をとり出す。初めから降っていれば完全雨装をするのに、天候が急変するので困る。

暑いので合羽の下をはかなかったら、ドシャ降りでズボンはびしょびしょになってしまった。しかし、午後になって雨は止み、歩いているうちに乾いてしまった。歩道がなく、路側帯も草で覆われているので、車道を歩く。「緑豊かなロマンス街道」などと書かれた看板があるが、路側帯まで緑では困る。

歩く距離は短かったが、雨のために歩行が遅れ、旅館近くでは暗くなってしまった。歩道がなく、路側帯がぬれているので、懐中電灯を振りながら車道を歩いた。

12日［藤塚浜〜新潟市　37キロ］。距離が長く、夜の道が怖いので、朝食を取らずに出発を早めた。歩道のない道が続く。今日は、いよいよ新潟市である。新潟は自宅のある諏訪から、かなり近くに感じられる。気がゆるんだせいか、道路標識を見るのを忘れ、道を間違えた。市内に入ってから中心街まで距離がある。何回か新潟駅までの道を聞いた。

おばちゃんが料理している小さな店で、昼食に焼肉定食を食べたら大変旨かった。味は店の外見では分からないものだ。

ロシア人を各所で見た。ロシア人女性も多い。新潟港に接岸した船の乗組員だろう。

◉道路とトンネル

「旅行中、不愉快なことはなかったか」と聞かれたことがある。振り返ってみて、トンネル、道路、突然の雨以外にはいやな思いをしたことはない。

徒歩の旅を楽しむための最大の条件は、安心して歩くことのできる歩道のあることだ。しかし、「日本の道路は基本的に自動車優先で、歩行者のことは考えられていない」というのが、旅をしていての実感だった。

都市、町、村と人が住んでいるところには歩道があるが、次の町、次の村へ移動する中間で歩道がなくなる。歩道が突然反対側に変わることもしばしばあった。交通の激しい場所で道路を横断するのは、かなり神経を遣う。

車道より一段高くなった歩道さえあれば、自動車がたくさん往来していてもまったく心配しなかった。白い線だけを引いた路側帯を歩く時は、常に緊張する。そのような時は必ず右側を歩き、暗くなったら懐中電灯で自分の存在を示した。

道路、トンネルではたびたび不愉快な思いをしている。路側帯に土がたまり草が繁って、歩けない場所が多かった。特に青森県鰺ケ沢から深浦へ向かう国道101号、新潟県角海《かくみ》浜《はま》から間瀬《まぜ》の国道402号では五〇センチほどの草が繁り、歩道すら歩けなかった。いつも車に乗っている人たちが道路行政に携わっているから、歩道のことは分からないのだろう。

五所川原から鰺ケ沢へ向かう道路では歩道工事で誘導が何もなかったので車道を歩

いていたところ、うしろから来た自動車のミラーが右腕をかすめた。工事の責任者に抗議すると、横にいた人が何を言うかという表情をしたので怒りを感じた。

道路は歩道がない場合でも横に広がりがあるのでまだよいが、歩道のないトンネルを歩く時は緊張が続く。

細い歩道でも、一段高くなっていればまったく不安を感じない。逆に、広い歩道でも、白い線だけの場合は恐怖を感じる。新しいトンネルには歩道があるが、古いトンネルは路側帯だけというところが多かった。

うしろは見えないので、歩道のないところでは対面通行をしていたが、突然うしろから来た自動車が横を通り過ぎていく時があった。予期していなかったのでギョッとする。追い越しをしている自動車である。どうして狭いトンネル内でスピードを出さなければならないのか、どうしてトンネル内で追い越しをするのかと思った。私は自動車の運転ができないのでドライバーの心理が分からない。

長いトンネルの時は排気ガスも気になった。北海道岩内町の雷電トンネルは三七五〇メートルあったが、広い歩道があり、天井には飛行機のジェットエンジンに似た空

海を見ながら歩ける沖縄の国道58号(国頭村)

象潟から吹浦へ向かう海岸沿いの歩道．気持ちよく歩くことができた(山形県)

歩道に草が繁っているので歩けない．青森県は歩道が良くない(青森市)

路側帯に繁る草．雨に濡れていたので車道を歩いた(新潟県紫雲寺町)

調機がついていた。

排気ガスは心配したほどではなかった。余市から国富へ向かう国道5号の稲穂トンネルで少しフンワリとした気分になったが、あまり気にならなかった。しかし、熊本県坂本村と田浦町の境界になる赤松トンネルでは、かなりフワフワした変な気分になった。稲穂トンネルよりは交通量が多かったからであろう。

道路では福井県の敦賀《つるが》市の国道8号、小浜《おばま》市からの国道27号が旅の中で最悪だった。国道27

歩くのにおすすめの道路

	国道名，区間，特徴など
北海道	232号　天塩町－遠別町　牧場が見える
〃	232号　羽幌町－鬼鹿　風車が見える
〃	275号　北竜町　ひまわり畑があった
〃	5号　七飯町　松並木が続く
青森	101号　青森市－津軽　りんごの木と岩木山
山形	7号　遊佐町　十六羅漢岩が見える
新潟	345号　山北町　笹川流と岩礁
富山	蜃気楼道路　魚津市　海岸，松並木，古い家並
石川	橋立－牛野－塩屋の遊歩道
福井	305号　越廼村－越前町　岩礁風景
山口	関門海峡　対岸を眺め独特の気分が味わえる
福岡	495号　若松区－芦屋町　若松フェリーと銀杏並木
佐賀	34号　牛津町－大町町　古い家並み
長崎	251号　吾妻町－島原市－深江町　武家屋敷　普賢岳と有明海
鹿児島	3号　出水市　水田に鶴がいた
沖縄	58号　国頭村－大宜味村　森林，辺戸岬，夕日がきれい

号の旗護山トンネルの近くまで行くと、歩行者、自転車は通行禁止で関峠へ回るようにとの看板があった。トンネル内で工事をしているのか、歩道がなく危険なのか、理由は書かれてない。危険だからとの親切心であれば、トンネルまで行く道の途中に看板を立てておくべきだと思った。

広い歩道を見ると嬉しくなって、思わず写真を撮りたくなる。そんな写真を見ながら、良かった道を思い浮かべてみた。

右頁の表は、歩道が良く周囲の光景の良いところだが、感動した場所はほかにもたくさんあった。

「アフガン」校了

13日［新潟市滞在］。早朝から『戦争はなぜ起こるのか——石川文洋のアフガニスタン』（冬青社）の校正と原稿追加。写真二五〇頁、文章一二五頁、計三七五頁。私にとっては、ひとつの集大成となる本と考えている。長い月日をかけて取材、撮影した集大成ではなく、三五日間という短い取材日数の中で、これまでの経験を生かし全力投球した、という意味である。この三五日間は、アフガニスタン戦争終結直後から復興への歴史の一期間、と位置づけた本にしたいと思った。

14日［新潟市滞在］。終日、原稿確認。妻から宅配便で、交換の靴とフィルムが届いていた。靴は前に使っていた一九八〇円のものだったので、市内のスポーツ店へ行って、もう少し良い靴を探したかったが、その時間がなかった。夜、『戦争はなぜ起こるのか』の「あとがき」を書き終えた。ビールをもらって一人で乾杯。

15日［新潟市〜巻町越前浜《えちぜんはま》 24キロ］。分岐点で迷った。右へ行けば海岸線、左へ行けば内陸。いずれも柏崎で合流する。海岸沿いに行きたいが、旧道なので、歩道が整っているか心配だ。内陸はバイパスになっているので、歩道も広いと思われる。だが、やはり海を見ながら歩くことにした。一部の海岸は観光地となって歩道も良かったが、市の中心から離れると路側帯だけのところが多かった。

ススキの穂が揺れている。秋の訪れを感じる。砂浜で三人の子どもが波と遊んでいる風景を撮影した。

予約しておいた越前浜の海の家に着くと、夕日が落ちようとしていたので、リュックをかついだまま浜辺に行った。

阪神優勝

16日［越前浜〜寺泊町《てらどまり》 27キロ］。角田浜《かくだはま》には四八軒の海の家が並んでいたが、人影はなく、映画のセットを見ているような感じだった。夏が終わろうとしている海水浴場の光景は、祭りの後のようで寂しさと懐かしさを感じる。昨日、阪神が優勝した。日本シリーズをひかえた大阪の祭りはこれから始まるが、今年の海の祭りは終わりである。

地ビール製造工場があり、海の眺めの良いレストランで地ビールが飲めるようになっていた。雲ひとつない暑い日だったので、海を見ながら地ビールを飲みたいなと思ったが、レストランを横目で見ながら通り抜けた。

歩いている途中でビールを飲んだことは一度もない。①自動車に対して警戒心がゆるみ危険である、②時間をロスする、③宿へ着いてからビールを飲む楽しみがなくなる——などが飲まない理由である。しかし、残念だった。

寺泊に着くと、魚市場が店仕舞いをしようとしている時刻だった。観光客がカニを買っていた。

17日［寺泊町～柏崎市宮川《みやがわ》 25キロ］。出雲崎《いずもざき》の良寛の生家跡に碑が建ち、良寛堂があった。また、芭蕉が泊ったという旅館跡の前の広場に「荒海や佐渡によこたふ天河」と書かれた碑があった。佐渡の砂金を運んだ北国街道として栄えた町の面影が感じられた。海岸に沿った家の周囲は、戦国時代の砦のように板塀で囲まれていた。板塀が並ぶ様子は壮観でもあり、日本をあらわす風景のひとつでもあると思った。

稲刈りをしていた。今年は冷夏で、米の減収が心配されている。この場所は日当たりが良かったので平年並みの収穫、と言っていた。夕日を撮影した後、懐中電灯をつけながら宿まで歩いた。

セネガルのバー

18日［柏崎市宮川～同市笠島《かさしま》 22キロ］。朝食に食堂へ行くと、昨夜は気がつかなかったが、ベランダのすぐ前は海だった。以前、西アフリカのセネガルで泊ったホテルのバーの下が海で、波の音を聞きながらジントニックを飲んだ時のことを思い出した。

一九八〇年、パリからフランス航空でセネガルのダカール空港に着いた時は感動した。子どもの頃から夢に見たアフリカの第一歩だった。予約してあったラゴンホテルへ行き、部屋でシャワーを浴びた後、すぐバーへ行った。カウンターの椅子に座ると、赤いチョッキを着た黒人のバーテンダーが「何を飲むか」と聞いたので、まず、ビールを注文した。その時は大航海時代の取材でモロッコ、スペイン、ポルトガル、インドと回り、各地で酒を飲んだが、セネガルのバーがいちばん印象に残っている。

◉酒と宿

私は酒が好きなので、毎日、飲んでいる。家にいる時は、五、六キロのウォーキングをした後、近くの温泉で汗を流してから、まず二五〇cc缶ビール。大きなグラスにちょうど一杯分になる。それから泡盛一合をお湯割りか水割り。これが私の晩酌である。

いちばん旨い酒は、旅先で昼間から外の風景を眺めながら飲む酒である。それも撮影、写真展など仕事が終わった時か、その合間が良い。

これまでのカメラマン人生のなかで、印象に残っている酒はたくさんある。ベトナム滞在中は、従軍から戻るとサイゴンのカラベルホテル五階にあったバーへ行き、コニャックソーダを飲んだ。壁に、ジュリエット・グレコの写真が飾ってあり、民族衣装のアオザイを着た小柄な女性がいた。

冬のノルウェーを撮影に行き、最北端キルケネスのバーでアクアビット(ジャガイモを主原料とする蒸留酒)を飲んだ時のことも深く心に残っている。

さらに地中海に浮かぶマルタ島の丘の上にある、キオスクのようなバーで港を眺めながら飲んだビール。モロッコのタンジールからスペインのアルへシーラスに渡るフェリーのバーでジブラルタル海峡を眺めながら飲んだビール。サラエボの取材が終わり、ウィーンへ行くヨーロッパ特急の食堂車で飲んだワイン……次々と酒の場面が浮かんでくる。

徒歩の旅の出発前は、各地で昼間に飲む酒、居酒屋の夜の酒に期待した。結果的に居酒屋へ行ったのは、ホテルに泊った時だけだった。

日本海側の旅館の夕食は新鮮な魚の刺身が食卓に並ぶので、居酒屋で注文したのは旅館ではあまり出てこないレバー野菜炒め、揚出し豆腐、野菜サラダなど。それに生ビールと焼酎。旅館には瓶ビールと日本酒はどこでも置いてあるが、生ビール、焼酎はほとんどなかった。

全行程のうち五二軒、ホテルと名のつくところに泊っている。食堂付のホテルもあり、また、コンビニで買ってきたパン、いなり寿司を部屋で食べたりしたので、この間に三〇回居酒屋を利用した。居酒屋では酒や料理のことよりも、旅の始まりでもある稚内、北海道の旅が終わった函館、糸魚川《いといがわ》、下関、鹿児島、沖縄など旅の節目となった場所で飲んだり食べたりしたことが強く記憶に残っている。

旅の中で「この旅館にもう一泊して昼間から酒を飲んでいたい」と思ったことが何度もあった。北海道森町のペンション「森の中の小さな家」。ペンションを囲んだ樹木と駒ケ岳が見えた。青森県深浦町の「望洋館」。部屋の窓、食堂から眺めた海岸の千畳敷岩が良かった。秋田県八郎潟駅前の「佐藤旅館」。部屋も料理も良く、主人と奥さんの親切な対応に感動した。

富山県朝日町旅館「有磯」。部屋の窓、四階の風呂から見える海、料理が良く、食事中、女将さんがその土地にまつわる話をしてくれた。施設も良かった。京都府宮津市「お多福旅館」。若主人のフィリピン人妻が明るく、好印象を受けた。御両親が、「良い人が嫁に来てくれました」と喜んでいた。出発の時、一家で見送ってくれた。

ひとつひとつの旅館に良い思い出がある。旅の間、毎晩のように本当に旨い酒を飲んだ。

外国へ行き撮影の合間の酒も旨いが、国内にいて汗を流した後の酒も良い。昔、南アルプスの北岳から下山し、芦安《あしやす》温泉で汗を流してから飲んだビールの味は今でも忘れることができない。同じビールでも、全く違う味に感じた。

徒歩の旅では毎日、北岳の時のビールを飲んでいるような気持ちだった。シャツを絞ると水がしたたり落ちるぐらい汗をかく。旅館に着くとまず風呂に入り、食事の仕度ができるまでに洗濯をする。そして食膳の前に座って飲む最初の一杯のビールの旨いこと。その都度、歩いた甲斐があったと感激した。

お膳には海の幸が並んでいる。フライ、煮魚など刺身以外の料理で大瓶ビールを一本か二本飲み、その後、刺身でメシを食べるという毎日だった。日本酒は旨いが、つい飲みすぎてしまうので、旅の中では一度も飲まなかった。飲み過ぎ、寝不足にならないように気をつけていたのだ。

だからこそ、那覇市のゴールに到着した夜に行われた祝賀会の乾杯で飲んだ、最初の一杯が最高だった。その一杯のために、ホテルで汗を流した後、水も飲まず会場へ向かった。ビールが喉に流れていく感触を楽しみながら一気に飲んだが、もっと大きなグラスだったら良かったなと思った。約二〇〇名の方が集って下さったが、グラスを交わしている間にずいぶん飲んで心地良く酔うことができた。泡盛、ワインもあった。

今度の旅での宿は、旅館三九、民宿二九、ホテル四五、ビジネスホテル七、国民宿舎四、ペンション一、ユースホステル一、国民年金保養センター一、厚生年金休暇センター一、個人宅一という分類になる。このなかに夕食付のホテル五、夕食無しの民宿二が含まれている。諏訪市の旅館協同組合に「旅館」と「民宿」の違いを問い合わせたら、特にないということだった。民宿組合で料理を決めている地域もあるようだ。旅館によって料理はかなり違うが、私が泊ったところは大体一泊二食付七五〇〇円、民宿は六五〇〇円前後だった。

ホテルもそれぞれ料金は違うが、私が泊ったホテル、ビジネスホテルは食事なし五〇〇〇円～七〇〇〇円。

高級旅館や客の多い旅館では、専任の料理人がいるか、主人が料理人を兼ねている。しかし、客が少なく料理人のいない旅館では仕出し料理を出す。少人数分の料理をつくるよりは仕出し料理を出した方がめんどうが少ない、と考えている民宿もある。七〇軒も旅館、民宿に泊っていると、仕出し料理かそうでないかは大体分かる。

仕出しを頼まず、すべて自前の料理を出す宿もある。少し早く民宿に着いた時、慌てて野菜を洗ったり料理の準備をするところもあったが、家庭的な感じがして良かった。

部屋、料理、宿の対応、料金、この条件がすべてよければ申し分ない。そのような宿もあったが、何かが欠ける場合、料金は一応、同じとして、まず、宿の対応、料理、部屋の順に評価をする。特別に印象に残った料理以外はどの旅館で何を食べたか忘れてしまっているが、宿の人といろいろと話し合ったことや名残惜しそうに見送ってくれた光景はいつまでも覚えているものである。短い時間ではあったが、多くの人との出会いがあった。なかでも旅館では、主人や女将と話す時間は他の場合より多いので、宿の人の誠意が伝わってくることが多かった。例えば仕出しの料理にしても手造り料理を添えたり、洗濯をしてくれたりと旅人を気づかってくれた。

全体を通して宿には良い印象を持っているが、二軒だけ不満を感じた。しかし、一三〇分の二である。あとは楽しい宿ばかりだった。

召集令状

19日［笠島〜上越市直江津　32キロ］。民宿の女将、黒崎アツ子さんは私が沖縄生まれと知って、沖縄戦から日本の戦争の話になった。

アツ子さんの実家はすぐ近く。アツ子さんが嫁いできてすぐ、夫の父親が召集令状を受けた。夫は八人兄弟の長兄で、末弟は母のお腹の中だった。義父は新発田《しばた》連隊に召集。四一歳なので入隊しないで済むかもしれないと思った家族は、連隊前で待っていたが、義父の入隊は決まった。

夏の終わり．子どもたちが高くなった波と楽しそうに戯れていた（新潟県四ツ郷屋）

義父の乗った輸送船はフィリピン沖で沈没した。帰ってきた納骨箱には、義父の名を書いた木の札が一枚入っていただけだった。

それから母親代わりに「夫と二人で弟、妹たちを育てることに頑張った」とアツ子さんは語る。夫は鉄道に勤務し、アツ子さんは料理を習い、運転免許もとった。海水浴場が近いので、子どもたちの面倒を見ながら民宿を始めた。

夫の兄弟八人全員が健在で、夫婦揃うと一六人になり、一九九二年には揃って靖国神社へ行った。夫は少し体調を悪くしているという。「でも、お父さんがそばにいてくれるだけで楽しいし、嬉しいんです」とアツ子さんは言った。久し振りにとても良い言葉を聞いたように思った。

20日「直江津～能生《のう》町　27キロ」。朝食をとらずに出発。歩きながらカロリーメイトを食べる。途中から糸魚川まで、旧道三二キロの「久比岐《くびき》自転車・歩行者道」が続くので、安心して歩ける。筒石《つついし》の集落には三階建ての民家が多い。狭い土地なので、上に部屋を増やすとのことだった。

能生の「道の駅」では、カニや海鮮物を売る大きな店が並んでいた。民宿の奥さんは、六〇歳になったら民宿の仕事をやめて、親しい友人と四国巡礼の旅をするのが夢、と話していた。今は子どもを育て、旅の費用を作るために頑張るという。夢を持つことは大変良いことだと思う。焼魚、アジのフライ、エビかき揚げ、カレイ煮付。刺身はタイ、ヒラメ、イカぶつ、甘エビ、それに酢の物、果物。大きなサザエが三個もついた豪華な夕食だった。

旅の中間点

21日「能生町～糸魚川市　15キロ」。太平洋沿いに台風が近づいてきているので、朝から雨になっている。民宿では「頑張って下さい」と、朝食に栗御飯を炊いてくれた。

糸魚川駅に到着。この旅の中で私の家から一番近い駅である。

親不知子不知の洞門．昔は潮のひいた時に浜を歩いた（新潟県青海町）

宗谷岬を出発した時から、糸魚川をちょうど旅の中間点と考えていた。距離的にはまだ半分に達していないが、気持ちのうえで旅の半分が終わった。これからは家が遠のき、故郷の沖縄が近づく。

22日［糸魚川市～富山県朝日町 27キロ］。親不知子不知《おやしらずこしらず》のトンネルは注意するように、多くの人から言われた。最初の五四〇メートルのトンネルには歩道があった。

問題は、その後に続いた「洞門」と呼ばれる雪・落石防止のトンネルだった。路側帯だけで、歩道がない。蛍光色の雨具を着て、洞門の壁に身をつけるようにして歩いた。横を大型トラックが猛烈なスピードで通り過ぎる。

ひとつの洞門を通り抜けると、次の洞門が待ち構えていた。

　トンネルと洞門は、勝山から三段滝まで一四・三キロの間、続いている。一〇時に最初のトンネルに入ってから、洞門が終わったのが一四時四〇分。五時間弱、緊張の連続で歩いた。

緊張の連続

　この間、歩いている人は全く見かけなかったが、サイクル・ツーリングをしている人を何度か見かけた。歩くより自転車のほうが危険だろうと思った。洞門群が終わると、のんびりと歩いた。

　市振《いちぶり》には、芭蕉が泊って、「一家《ひとつや》に遊女もねたり萩と月」という句を残している。境川を越えて富山に入った。

　23日［朝日町〜黒部市 20キロ］。秋分の日。宿でNHKテレビの「おはよう日本」を見た。七時四〇分から一五分間、私が宗谷岬をスタートした時からの徒歩の

テレビ中継中止

旅の様子が放送された。本当は近くの漁港で生中継を一〇分間放送し、二五分の休日特集となる予定だったが、前日に組閣があって中継はなくなった。よりによってこの時期に組閣と重なったことは残念だったが、人生にはよくあることだ。徒歩日本縦断の

冷夏で平年より収穫が少ないとのことだった(富山県朝日町)

様子を見ていただき、中高年層が自分も歩いてみようと思ってくれることを願っていたので、一五分も放送されたことに感謝した。

宿を出て歩いていると、多くの人からテレビを見た、頑張って、と励ましの言葉を受けた。私の企画したベトナム・ツアー等に参加した長野県の緑川優子さん、山浦礼子さんも自動車で激励にかけつけて下さった。

24日[黒部市〜滑川《なめりかわ》市 20キロ]。富山湾に沿った海岸線を歩く。「蜃気楼道路」と呼ばれる歩道が続き、歩くのが楽しくなる。魚津港で釣りをしていたおじいさんが、富山県は日本一だと自慢していた。水が旨い、米も旨い、蜃気楼が見える。台風、地震がない。立山があるから、とのこと。看板には富山湾の魚が描かれていた。滑川の駅の近くまで蜃気楼道路を歩いた。

25日［滑川市～富山市　20キロ］。朝から雨が降っていたので完全雨装をして旧道を歩く。旧家が並び、落ち着いたたたずまいの町だ。各所に自然の水が湧いて、生活用水として使われていた。

高山に住む大郷《おおごう》博さんと合流した。大郷さんとは、岐阜沖縄県人会の総会に参加して以来、親しいお付き合いをさせてもらっている。大郷さんは神学の先生でもある。富山市に着いて大郷さんと息子さんの案内で大型スポーツ店へ行き、靴の予備とリュックのベルトを買った。私のリュックは腰ベルトがないので、肩に負担がかかる。あらためてリュックをよく見ると、細いが腰ベルトもついていた。何かあるなとは思っていたが、それが腰ベルトとは。このリュックを使って一〇年近くなるのに、いままで気がつかなかった。このように私は、すべてにおいて注意力に欠けている。夜は大郷さん親子と楽しい酒を飲んだ。

元気なパチンコ店

26日［富山市～福岡町　33キロ］。ホテルを出たが、雨が降っていたのでロビーに戻り、雨仕度をする。国道8号をひたすら歩く。建物全体が真っ赤なパチンコ店があった。パチンコ店はどれも派手である。この二〇年くらいパチンコをしたことがないので、店内はわからない。入ってみようと思ったが、大きなリュックを担ぎ、カメラを二台もさげているので、ちょっと入りづらい。

今回の旅の中で、パチンコの建物がひときわ活気があるように感じた。広い駐車場に車が並んでいる。不景気だから、せめてパチンコでウサをはらそうとするのか。

27日［福岡町～石川県金沢市 37キロ］。見事な杉の林が各所にあった。それを見て、京都で雪の降る北山杉を撮影した朝日新聞の秋元啓一カメラマンとその写真を思い出した。尊敬する先輩だったが、早く亡くなった。秋元先輩が生きていれば、私の人生はもっと楽しかったろうと思うことがある。

妻の支援

金沢市に入って、銀座七丁目にあるライオン・ビヤホールの北目淳一総支配人が合流した。銀座ライオンはずっと前から通っていて、志賀十朗専務とも長い付き合いになる。北目さんはライオン・ビヤホールのハッピを着て歩いた。

妻がフィルム、着替え、その他手紙などを持ってきた。必要のなくなった物は持って帰る。会うのは函館・長野市に次いで三度目だが、このような支援は旅を続ける中では必要

生ビールをたくさん飲んだ．右端が銀座ライオンの北目総支配人（石川県金沢市）

である。インターネットで宿を探すなど、妻の協力に旅は支えられている。夜は金沢駅構内にあるライオンで、久し振りに旨い生ビールを思う存分飲んだ。

28日「金沢市滞在」。月刊誌二誌と共同通信に原稿を書いているので、月末は慌ただしい。いちど昼食に外へ出ただけで、夜遅くまでホテルで原稿を書く。

旅の記録

29日「金沢市〜小松市 27キロ」。六五歳の節目の楽しい旅の思い出を記録に残しておきたい。毎日、宿で日記を書けば良いのだが、着いた時は疲れて、食後はすぐ眠ってしまう。朝は出発の準備で慌ただしい。

新聞、雑誌に連載という形になれば、怠け者の私でも毎週、毎月、旅の記録を書かなければならない。カメラマンだから撮影は楽しいが、原稿は苦手なので、宿にこもって一日中机に向かっているのは苦痛を感じる。原稿を書き終えて歩き始める時は、いつも晴れ晴れとした気持ちになる。

海岸線を歩こうと思ったが、到着時間が遅くなりそうなので、国道8号を行くことにした。私の歩行は遅いほうだ。撮影で立ち止まることは多いが、昼食時以外、休憩は一度か二度ぐらいで、それも一〇分と短い。この日は一度も休憩しなかった。

30日「小松市～加賀市片野町　20キロ」。保育園で運動会をしていた。北海道をスタートしたのは夏の始め。もう運動会の季節になったかと、しばらく眺めていた。

小松基地の騒音

小松空港に近づくと、航空自衛隊のF15戦闘機が離発着の訓練を繰り返していた。沖縄の嘉手納《かでな》基地を思い浮かべた。嘉手納基地のすぐ横にある学校の窓は防音装置で二重になっているが、それでも、音は教室に響く。

小松基地から二機ずつ飛びたって、数分すると戻ってくる訓練が続いていた。基地の近くは海になっているので、住宅への影響は嘉手納基地周辺よりは少ないだろうと思った。それでも小松市内にいてもかなり強い爆音が聞こえた。沖縄で見慣れた光景だが、本土では初めてだった。日本の戦争、沖縄戦と重ね合わせながら、いろいろな思いで訓練を眺めていた。

飛行訓練を繰り返す航空自衛隊のF15戦闘機(石川県小松市)

10月1日[片野町〜福井県三国町　25キロ]。片野荘の部屋の窓からは海水浴場が一望できた。北海道月形の町営温泉ホテル、秋田の岩城町では厚生年金休暇センター、そしてこの国民宿舎片野荘、いずれも一泊だけではもったいないような素晴らしい施設である。

自然林の中のサイクリングロードを歩く。キノコ採りの人々の姿があった。野ブドウがあったので、採って食べる。甘ずっぱい味がした。

サイクリングロードは松林の中を五キロぐらい続いていた。のんびりと歩く。海岸近くの畑ではサツマイモの収穫をしていた。

甘い雨　2日[三国町〜鷹巣海水浴場　22キロ]。朝から雨が降っている。越前松島を撮影していると雨が激しくなったので、近くの旅館まで走った。ひっそりとした旅館の軒先で、しばらくリュックを担いだまま、雨が小降りになるのを待っていた。このような雨の時間も好きである。

一九六五年九月、インド・パキスタン戦争取材のためバンコクで待機している間、YMCAの部屋の窓から、雨に濡れる南国の樹木を毎日眺めていた。東京から送られてくるはずの金が届かず、屋台で買ってきたメシやパンを食べていた。若く貧しい時代だった。ベトナム戦争従軍中、雨の中の野営では、一人用テントの中に流れこんでくる水を見つめていた。雨は、侘びしくも甘い思い出となっている。

東尋坊には、大勢の観光客が訪れていた。東尋坊から遊歩道を歩く。「海岸の植物」という看板にハマヒルガオ、ハマボウフウ、ハマエンドウ、ハマナデシコ、ツリガネニンジン、マルハグミの絵が描かれていた。

3日[鷹巣海水浴場〜越前町梅浦　25キロ]。登校する鷹巣小学校、中学校の生徒たちみんな

このような岩礁が越前海岸の海に並んでいる(福井県福井市)

が、私へ「おはようございます」と挨拶をする。私も元気に挨拶を返す。北海道から歩いてきたと言ったら、生徒たちは驚いていた。

越前海岸では見事な岩が海に浮かんでいる。四角の細長い岩が重なって、さらに大きな岩を形造している。北海道からここまでの海岸には見られなかった岩だ。以前、国後島でも同じような岩が、そびえたつように海岸に続いている風景を撮影したことがあった。国後では「材木岩」と呼んでいた。

この日の宿、「こばせ旅館」の長谷政志さんと奥さんが玄関で待っていて下さった。

◉子どもの挨拶

子どもに対する大人たちの犯罪が多い。子宝に恵まれず子を願う親たちがいる反面、自分の子を虐待する親もいる。私は、戦争で傷つき死んでいく子どもたちを見てきた。子どもたちは大人の落とす爆弾、あちこちに埋められた地雷で未来の夢と希望を奪われていく。子どもをいじめる大人、戦争をする大人は、子どもに対して恥ずかしい行為をしている。

沖縄県糸満市喜屋武《きやん》の道に「近づくな！ 知らぬ車、知らぬ人。喜屋武小PTA」と看板が立っていた。佐賀県牛津《うしづ》町には「砥川《とがわ》校区では児童全員に防犯ブザーを持たせています。砥川小学校PTA」と書かれた看板が学校の前にあった。

砥川小学校では塀の上にさらに新しい高い塀をつけ足し、外からは校庭がのぞかれないようにしてある。喜屋武も砥川も親が子を守ろうとする対策である。沖縄は以前は戸に鍵をかける家はなかった。泥棒も殺人もなく、平和な島だった。しかし、今では中学生同士の殺人事件、教師や警官によるわいせつ行為が起こっている。故郷のそのようなニュースに接するのは寂しい。何故、そのようなことが起こるのだろうと考えてしまう。

私の素人考えから、犯罪を犯す人間は他人に対する思いやりがなく、自己中心だから孤独なのではないかと思う。親しい友人がいないこと、人生に夢や希望が持てないことも原因になっているのではないか。自分の例をあげて昔のことを言うと、若い人には相手にされないかもしれない。でも、

高い塀をめぐらせた砥川小学校(佐賀県牛津町)

以前にはあって現在欠けているものもある。

　私の定時制高校時代を振り返ると、いじめ、不登校は見たことも聞いたこともなかった。私は勉強は嫌いだが、学校へ行くのは楽しみだった。親しい友人たちが大勢いたからである。何故、親しかったか。みんなが昼間は働き、夜通学するという同じような境遇の中でお互いにいたわり合う気持ちがあったからだと思う。

　また、みんなが貧乏という点でも共通していた。貧乏から夢が生まれる。同級生に七人の親友がいた。荒井一郎は自営の紙器業を発展させようと頑張っていた。製紙会社に勤めていた植田善亮は商社、高千穂交易に転職後、定年退職している。塩原伸は三〇年間勤めた大手遊技機メーカーを昨年定年退職した。庄司達は不況の中、自営の庄司化学の拡大に成功し、昨年、新工場を建設した。戸叶勇は増島製作所の常務としていまも頑張っている。浜田嘉一は中小企業大学校の校長を務めた後、講演で忙しくしている。星野好章はセイコーインスツルメンツに四五年勤めて定年退職した。

　みんな高校時代は下働きのような仕事をしていた。だから、頑張って先輩のように良い仕事に就きたいと願った。これは夢である。私も毎日新聞社の編集局で給仕として雑用をしていたが、まわりにいる記者、カメラマンを見て憧れていた。

高校時代の七人の仲間とは現在も交流が続いている。

今、子どもたちを怖がらせている大人は、尊敬する先輩、親しい友人を持たずに成長してきたのではないか。日本も経済成長し物質的には恵まれたが、夢も生まれ難い時代になった。私たちにとって当時時計を買うのも、外国へ行くのも大きな夢だった。夢が持てず将来への方向が見えないうちに育ってしまった大人が、子どもを虐待しているように思う。

徒歩の旅の中で、目を合わせないように急ぎ足で通りすぎる子どもたちがいた。きっと親、先生にそう注意されているのだろう。そのような時は、こちらも寂しい気持ちになる。福井市鷹巣小学校、中学校のように登校中の生徒たちから「おはよう」と挨拶されると、とても嬉しくなる。鷹巣中学校の塚田良夫教頭によると、挨拶をするのは普通のことで特別に告示を出しているわけではないが、教室だけでなく体育、生徒集会、部活などでもきちんと礼儀を守るよう指導をしている。生徒たちが私に挨拶をしたのは日頃から身についていた挨拶が自然に出たのでしょう、と嬉しそうだった。

久留米から佐賀へ向かう途中では、七、八名で下校していた千代田中部小学校の男の子から「おじさん何をしているの」と声をかけられた。大きなリュックを背負っている姿が珍しかったのかもしれない。北海道から歩いている、というと「どこに泊るの」「何を食べるの」などと質問された。

中部小の子どもたちは途中で家の方向へ帰っていったが、一年生のみやちももか、そえじまさやか、えじまみかちゃんが私の歩く方向と同じだった。北海道の牧場に牛がたくさんいたこと、大きな風車が電気を起こすために回っていたことなどを話した。ももかちゃんは家族で「沖縄へ行った。海がとてもきれいだった」と言っていた。日本の子どもたちも好奇心は強いことを知って嬉しくなった。子どもたちに夢を与えるために大人は頑張らなければならない。

4日［越前町梅浦〜敦賀市杉津《すいづ》海岸　32キロ］。「こばせ旅館」は三一年前、作家の開高健さんと一緒に行った宿だった。開高さんとは一九六五年、六八年とベトナムでお会いした。私が沖縄出身と知ると、妻の牧羊子さんのご両親も沖縄出身と話していた。

開高健さんとの出会い

六八年、開高さんはサイゴンで、約一ヵ月ゆっくりとした時間を過ごしていた。その間、よく一緒に酒を飲み、メコン川の釣りに同行もした。

七二年、原稿を開高さん、写真は私という週刊誌の企画で、冬の越前ガニを取材しに福井へ行った。開高さんは三国町で講演も予定していた。主催者が私もベトナムにいたと知り、急遽、前座を要請されて講演したことを思い出す。

旧知の酒場や宿を訪ね、昔話をするのは人生の喜びでもある。故郷の那覇市や勤務先のあった有楽町には、行きつけの酒場が数軒あったが、経営者が高齢となり、次々と店じまいをしてゆくのは大変寂しい。「こばせ」の主人長谷さんは七一歳だが、とても元気で妻の加寿子さんとともに取材当時のことを話し合い、楽しい時間を過ごすことができた。

原発事故　5日［杉津海岸～美浜町　26キロ］。海岸の風景は良いが、国道8号は歩道がないので気を遣う。敦賀原子力発電所が見えた。一九八一年三月八日、発電所の放射性廃棄物処理施設内のタンクから放射能物質を含んだ廃棄液が流れるという事故で五六人の作業員が被曝した。

会社側はこのことを隠していたが四月一八日に発覚、立入り検査が行われた。その時、私も施設内に入り、検査の模様を撮影した。新聞社に勤務していた頃である。その後、チェルノブイリ、東海村など、原発事故があるたびに敦賀発電所を思い出していたが、敦賀に来たのは二二年振りだった。その間に私の人生もずいぶんと変わった。

落とした帽子　6日［美浜町～小浜市田烏《たがらす》　22キロ］。ホテルを出発後、途中で帽子がないことに気が付いた。どこかに落としたのかと途中まで戻ったが、見つからなかった。

雨の日には必需品であり、北海道から使ってきたので愛着があった。

別の帽子をどこかで買おう、とあきらめた。しばらく歩いていると、吉村晴夫さんという方に声をかけられた。途中で帽子を落とした可能性が強いので、車に乗せてもらい、道を引き返した。やはり道路に落ちていた。車に乗せてもらったところまで戻って、また歩

拍手で迎えてくれた三方町第二小学校の児童たち(福井県)

き始めた。

三方町第二小学校の小嶋明男先生に声をかけられた。学生時代に私のベトナム報告を読んだとのこと。新聞で知り、近くを通るかもしれないと注意していたそうだ。

まもなく、小学生たちが集まっているのが見えてきた。学校に戻った小嶋先生が、四ー六年の児童たちと一緒に待っていたのだ。子どもたちの拍手に迎えられて嬉しかった。子どもたちに「夢を持つことは大切だ。夢は抱き続ければ、いつかは実現する。私の徒歩の旅も夢の実現です」と挨拶をした。また歩き始めていると、谷保裕子先生が車で追いかけてきて「梅ウォーター」を下さった。

旅一番の夕食

この日の宿泊地は小浜市田烏。民宿「浜乃家」の夕食がすごかった。今回の旅のナンバーワンである。刺身はイシダイ、アカラ(キ

定置網から魚をすくい上げる浜家さん．重そうだった（福井県小浜市）

ジハタ）、それぞれ一匹分とイカ、甘エビが皿に盛ってある。カニ半身、キジハタ煮付け、天麩羅はエビ、キス、シシトウ、ナス、サツマイモ、シソの葉。サザエ二個、ホタテ一個もついた。一泊二食付で七〇〇〇円。部屋、洗面所も清潔である。素朴な宿のご主人と奥さんが良い。

7日［田烏～大飯《おおい》町 31キロ］。宿の主人浜家直澄さん（四七歳）は毎朝、定置網の漁に行くというので同行をお願いした。

朝五時、外はまだ暗い。湾の中を船は進み、定置網のところに着いた。遠くに漁村の灯が見える。船を止めて、直澄さんは巻き上げ機と腕の両方の力で網を手繰り寄せ始めた。

越前クラゲと呼ばれる巨大クラゲが、プカプカと漂っていた。大きいのは一五〇キロ以上にもなるという。大量に発生し、漁民の悩みの種となっている。直澄さんの網にも一〇匹ほど入っていて、手釣棒で一匹、一匹、網の外に出していた。

網が寄せられてくると、魚が元気よく泳いでいた。シイラとのこと。大きな魚は手づかみで船に揚げ、小魚は手網を使った。大きなタルイカ、アオリイカ、アカイカ、ハギ、アジ、カマスなどが収穫された。

約一時間半、網と格闘した直澄さんの漁は終わり、浜に戻った。漁は一年中続けられるが、冬は風が強く、波がたち、作業が困難になるという。直澄さんは三代目、港には元気な御両親が待っていて、今日の収穫を箱に入れる作業を始めた。

第三章　ファインダーの向こう側に――近畿・山陰

拒絶反応

10月8日［大飯町～京都府舞鶴市　25キロ］。水田から枯草を焼く煙があがっていた。秋の風景を感じる。近づくと、石橋千鶴子さんが、減反となって稲を植えていない田の草を焼いているところだった。千鶴子さんは五六歳だが、「農民に定年はありません」と語っていた。

歩道のないトンネルを抜けると京都府だった。ちょうど夕日が落ちようとしていた。暗くなった道を歩く。宿に着いてから、コインランドリーで洗濯をした。

9日［舞鶴市～宮津市由良《ゆら》　24キロ］。海上自衛隊の基地に大きな護衛艦が並んでいた。異様な光景だった。軍事費世界第二位の日本には、戦車も戦闘機もたくさんある。ただ、市民の目にあまり触れていないだけだ。舞鶴の海上自衛隊基地は国道に沿ったところにある。通る人は誰でも護衛艦を見ることができる。護衛艦は軍艦である。軍隊があるから戦争が

舞鶴の海上自衛隊基地に並ぶ護衛艦．通行者が威圧されそうだ（京都府）

起きる。そのたびに多くの民間人が犠牲となる。ベトナム、カンボジア、ボスニア、アフガニスタンで、戦争にまき込まれて死傷した民間人の痛ましい姿をたくさん見てきた。だから、軍隊、武器には拒絶反応がある。市民の目にはどのように映っているのだろう。日本の戦争が終わって五八年。憲法第九条の精神がだんだん人々から遠のいていくように感じた。

ベトナムでの恩人

10日「宮津市由良〜同市岩滝口駅 23キロ」。海に沿った道を歩く。由良では「安寿と厨子王」の看板や像が見られる。

天橋立《あまのはしだて》駅の近くで澤口徹行さんが待って

いた。
澤口さんと初めて会ったのは一九六五年、サイゴンだった。ラオス国境で、私は解放戦線の仕掛けた落とし穴に片足を踏み入れ、負傷した。衛生兵に手当してもらい従軍を続けたが、足が化膿して、太股から下が二倍ぐらいふくらんでいた。破傷風だったら、足を切断しないと生命が危いと言われた。軍用機でサイゴンに戻り日本大使館に着いた時は、這わなければ二階へ上がることができなかった。事務室にいた技術者の杉本泰一さんが、ベトナム在住の長い澤口さんに連絡してくれて、私を病院へ連れていってくれた。杉本さん、澤口さんとは現在まで交流が続いている。杉本さんはベトナムで手袋工場の社長。澤口さんはいま東京・浅草のお好み焼き店「染太郎」の総支配人となっている。天橋立を友人の古池克己、悦子さんも一緒に歩く。

第二の青春時代

11日［岩滝口駅～網野町　27キロ］。昨夜は宿で、澤口さんとベトナム時代のことなどを話し合い、楽しかった。初めて会ってから三九年になる。澤口さんは当時メコン川にある小さな島を借りてバナナを栽培し、日本へ輸出していた。日本でバナナが貴重な時代だった。

私は従軍から戻ると仲間とサイゴンで酒を飲み、時にはメコン川のバナナ島へ行った。開高健さんを島へ案内したこともある。お互いに年をとったが、元気で飲み交わせるというのは最高に嬉しいことである。私にとってベトナム滞在の四年間は、人生のなかでいちばん充実していた時と思っている。私たちは、ベトナムは第二の青春時代を送ったところという認識で一致している。

「お多福」も良い旅館だった。若主人の奥さんはフィリピン人だったが、とても明るく、仲の良い夫婦を見ているのは気持ちが良かった。

大宮町では丹後ちりめんを織る機《はた》の音が聞こえていた。水田の黒サギを撮影していると、周辺を案内してあげようと、白杉酒造の白杉紀久雄さんが声をかけてくれた。織物をしているところを見たいとお願いした。吉岡磨智子さんが草木染の絹糸で見事な羽織の生地を織っているところを見ることができた。

ちょうどお祭りの時期だったので、峰山町で若者の「太刀振り」を見た。

源義経 12日［網野町～久美浜町 20キロ］。宿は浅茂川《あさも》海水浴場の近くにあった。窓から漁港が見えた。旧道を歩き、七竜峠へ向かった。山と海岸の自然を独り占めしているような贅沢な気分だった。網野町磯というところに、静御前《しずかごぜん》の木像を祀っているという小さな祠《ほこら》があった。静御前は磯の出身で、源義経が京を追放された後は故郷へ戻り、晩年を過ごした、と説明書きがあった。

義経というと、子どもの頃に見た、牛若丸が鞍馬山の天狗から剣術を教えてもらう話や、弁慶とのコンビで活躍するマンガを思い浮かべる。静御前の祠は人里離れた道路の小さな階段を上ったところにあり、そこからは海を眺めることができた。

13日［久美浜町～兵庫県香住《かすみ》町訓谷《くんだに》 30キロ］。雨がかなりひどく降っている。人気のない雨の中の久美浜町を歩いた後、三原峠へ向かって長い坂道を上る。

三原峠が京都府と兵庫県の境界になっていた。峠を下ったところで鹿を見た。雨のためしまってあった望遠レンズを取り出そうとする間に、山の中へ姿を消してしまった。

城崎《きのさき》は、一九七三年、木材から湯飲みなど日用器物をつくる木地師を撮影に来た時以来だった。当時三五歳。いちばん張り切っている頃で、五月－六月、本土復帰後の沖縄取材。六月－七月、北ベトナムと解放下の南ベトナム・クアンチ省を取材。七月下旬、ハイジャックされた日航機を追って、ドバイ、リビアへ行った。晩秋の一一月末、城崎で撮影が終わった後、のんびりと温泉に入り、蟹を食べたことを思い出す。高校生のとき、志賀直哉の「城崎にて」に心酔したこともあった。

栄正丸と大乗寺

14日［香住町訓谷～同町下浜《しものはま》 17キロ］。訓谷の民宿貝殻荘の女主人、永田郁子さん（六二歳）から父上の話をうかがった。父、永田洸《たけし》さんは一九四四年二月、郁子さんが二歳八ヵ月の時に出征し、同年九月に戦死。父の記憶はまったく無かった。母、姉たちから父の話を聞き、その記憶をとどめておくために、戦地から送ってきた父の手紙を冊子にまとめたという。その冊子を拝見した。

一九四四年、洸さんは漁船「栄正丸」の漁師だったが、乗組員七名と漁船は海軍の軍属として徴用され、フィリピンへ送られた。アメリカ軍の反撃で、アッツ、トラックなど南洋諸島での玉砕が続いている時だった。栄正丸の写真を見て、このような小さな漁船まで徴用されていたのかと、あらためて驚いた。洸さんは両親、二人の娘を残して三四歳で徴用されている。戦地から妻や子に宛てた愛情溢れる手紙を読むと、このような人たちまでも戦場へ送り、死なせた戦争の悲しみと、戦争を起こした政治家や軍上層部への怒りを感じた。

宿は直前に決めるので、補給のフィルムその他を先立って送ることができない。そこで、朝日新聞の青柳さんから紹介していただいた大乗寺に送ってもらっておいた。

大乗寺は、円山応挙たちが描いた襖絵で知られている。副住職の山岨眞應《やまそばしんおう》さんが、寺を案内して襖絵の説明をして下さった。十三余りの部屋の古襖絵一六五点が重要文化財に指定されているが、部屋の構成、庭の空間をも計算に入れて襖絵が描かれている。

円山応挙が京都で苦学をしていた頃、当時の大乗寺の住職で密蔵上人が学資を援助し、その恩返しとして宮殿建築の時に弟子と一緒になって襖絵を描いたという。樹齢約一二〇〇年というクスの巨木やたくさんの樹木に囲まれた静かな寺だった。

眞應さんの人柄にも感心した。いつか大乗寺を再訪して、仏教に関する話をゆっくりうかがいたい。

15日［下浜～浜坂町諸寄《もろよせ》　23キロ］。余部《あまるべ》の谷に、山陰本線の長い鉄橋が架かっている。タイミング良く普通電車が通ったので撮影した。桃観《とうかん》峠をゆっくり上った。

山間の長い道が続いている。秋の気配が漂い、ハゼ、ウルシなどの葉が色づき始めていた。ドングリがたくさん落ちている。靴で踏むと、ピチピチとつぶれる音がした。落ちている栗の実を拾って、歩きながら生で食べた。皮をむきナイフで渋皮をはいで口の中に入れると、かすかに甘い。

16日［諸寄～鳥取県福部《ふくべ》村 30キロ］。諸寄漁港前で老夫妻がイカを干していた。妻が夫にイカを渡し、夫が吊るす、こころ暖まる光景だった。港では漁師たちがブリ漁に備え、定置網の準備をしていた。このような様子を見ていると、日本は海に囲まれた島国という実感が湧いてくる。

はじめて見る砂丘

海上には、草木が一本もない茶色の岩が見え、アフガニスタンの山が思い浮かんだ。これまでいろいろな岩を見てきたが、このような岩を見るのは初めてだった。

一一時二〇分、鳥取県に入った。いつも次の県へ入る時は嬉しい。駟馳山《しちやま》峠を下ったところに砂丘ロードがあったが、大きな砂丘のあるところまではさらに五キロある。途中は防砂林でさえぎられ、砂丘は見えない。砂丘前の民宿に着いて、すぐ砂丘へ行った。夕日は雲に隠れていたが、砂丘を見て、想像していたより大きいと思った。

今回の旅で最初から寄ることを決めてあった場所は、越前海岸の旅館「こばせ」と、こ

朝の砂丘には観光客の足跡はないが，時間がたつにつれ足跡が増えてくる．午後2時頃の砂丘(鳥取県)

の鳥取砂丘だけだった。サハラ砂漠をいつか撮影したいと思っているが、鳥取砂丘も同じ砂のイメージで、一度訪れたいと思っていた。砂丘の高いところに上ると、眼下に海が見えた。

17日[福部村滞在]。未明に、ここでもう一泊しようと決めた。九月二八日、金沢市で原稿を書いた時以来、一日も休んでいなかったので、その機会を考えていた。

朝、宿にそのことを伝え、砂丘へ行き、朝の光景を撮影した。

鳥取市内には「万年筆博士」の山本雅明さんがいらっしゃる。オーダーメイドで、握り方も合わせてくれる。新聞社を退社し、フリーになった記念に、私も一本注文し、今もその万年筆を使っている。

18日［福部村～青谷《あおや》町 27キロ］。朝、宿から歩き出すときが、一番嬉しい。今日も目的地の沖縄へ一歩一歩近づく、という気分になる。

19日［青谷町～東伯《とうはく》町 32キロ］。砂丘を出発してから昨日、今日と歩いた国道9号の歩道は大変良い。日本全土がこのような道だと、徒歩の旅の楽しさを多くの人へ勧めることができるのだが、と思った。

日曜日ということもあって、自動車でドライブを楽しんでいる人たちから「頑張って」と励まされた。

一八時になると暗くなる。懐中電灯をつけるが、歩道が広いので、安心して歩くことができた。

◉足の痛みと靴

出発から一二日目、北海道鬼鹿から留萌間は足が極度に痛んだ。足が痛くなったのは、靴が原因だったと思っている。

私の住んでいる場所は急勾配の坂の途中にある。冬は雪が凍る場所があるので、ウォーキングの時に滑らないように、底が硬く、ゴムにガラスが混じっている靴を使っていた。

その靴が一日、七、八キロ程度のウォーキングではなんともなくても、一日中歩き続けた旅の中では足を圧迫したのだろう。

初めは左足裏の前半分全体が大きな水ぶくれになった。破れると靴の中がびしょびしょになるほどだった。左足をかばって歩くと、今度は右足にも同じ症状が現われた。足の痛みは三日程続いたが、そのうち徐々に消えていった。その後はゴールまで水ぶくれ、マメはできなかった。歩いているうちに足が丈夫になってきたのだ。

ガラス入り底の靴は、替えなければいけないと思いながら、函館まで七〇〇キロ以上使用した。青森からは、日頃使っていた二九八〇円のＧ・Ｄ・Ｗ（グッドウォーキング）を妻に持ってきてもらった。底も厚く快調だったが、歩いているうちに周囲のゴムがはがれたので、ボンドを二本も使ってくっつけながら約四七〇キロ、新潟まで使用した。

お腹の調子が悪くなったことも風邪をひいたこともなく、体の調子が悪いから、疲れたから、と歩行を休んだことは一日もなかった。日がたつにつれ体も鍛えられてきたと思う。福岡で能古島《のこのしま》へ行くために一日休暇をとったほか、歩行を休んだのはたまった原稿を書く時だけだった。靴に関しては、新潟からは木曾路の旅で履いたダンロップにした。サイズ二五・五。靴下を二枚使っているせいか、足の甲がふくらんだのか、小さく感じた。そこで約一〇〇キロ歩いた後、柏崎で新しい靴を買おうと思い靴店に入ると、三九〇〇円でダンロップのウォーキングシューズが置いてあった。サイズも二六で、履き具合が良かった。しかしゴールまで持たないと思ったので、もう一足同じ靴が欲しかった。

富山で友人の大郷さん親子と一緒に大型スポーツ店へ行った時、同じ靴はなかったが、これはどうかと薦められたリーボックは、九八〇〇円。高価だったが長野の友人たちからいただいていたカンパ金で買い、使う時がくるまで自宅に送っておいた。

ダンロップを約六〇〇キロ使用し、兵庫県香住町からはリーボックに履き替えた。リーボックは結局ゴールまで約一三〇〇キロ使用した。

私は商品名にはまったく関心がない。ダンロップのマークは靴ひものところについているので分かるが、函館、青森から新潟まで使用した靴はどの製品か分からなかった。旅が終わってから靴を調べて、ゴールドウインだと分かった。リーボックも鹿児島で取材を受けた人に教えられ初めて知った。

一〇〇キロだけしか使用しなかった靴も含めると、全部で五足を使ったが、履きつぶしたというほどでもない。ゴムのはがれたG・D・W以外は底が薄くなったので交換したが、全部自宅へ送っ

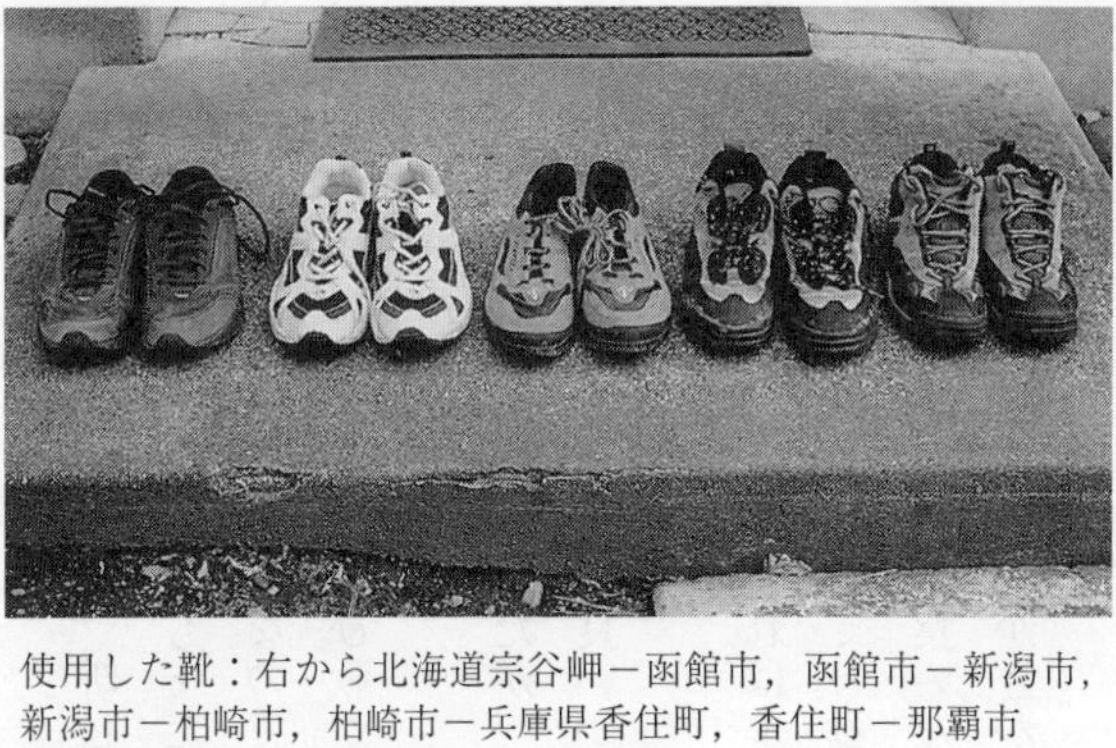

使用した靴：右から北海道宗谷岬－函館市，函館市－新潟市，新潟市－柏崎市，柏崎市－兵庫県香住町，香住町－那覇市

た。近所をウォーキングする時の使用には問題はない。

結果としていちばん良いと思ったのは、柏崎で買った足幅の広いダンロップ。新しい靴だったが、マメもできなかった。リーボックはいちばん長い距離を歩いてもまだ使用できるから、高価なだけのことはあると感心した。ただ、柔らかい皮なので、ひどい雨の時は水分で重くなり、乾きも遅い。また、乾くとごわごわして、再び軟かくなるまで少し日数がかかった。

今回、足首まで深い登山靴型は使わなかった。家に履き慣れた登山靴があったが、少し重かったというだけで、他に理由はない。だから登山靴型が長距離歩行に良いか悪いかは分からない。

日本縦断の場合、靴は一足ではすまないが、最初だけ履き慣れた靴を使用すればよいと思う。二足目の頃になると足も丈夫になってくるので、新しい靴でも歩いているうちに足に馴染んでくる。私の場合、値段の安い靴だったが、やはり高い靴が良いだろう。そうすれば、足にマメができるのは安物の靴だったから、という言い訳がきかなくなる。

20日［東伯町～淀江町　27キロ］。海岸線を歩く。大きな国道には、ところどころに「道の駅」がある。休憩所、食堂、トイレが整備され、地元の野菜、魚、加工された土産品などが売られていた。

赤碕《あかさき》町で昼食となったので、道の駅の食堂に入った。客は食べたいものを盆にとって、まとめてレジで支払う店だった。天丼を注文し、ほうれん草のおひたしとキンピラゴボウを自分で棚から取ってきた。

天丼は天麩羅をダシ汁で暖め、玉子とじにしてあった。味噌汁がついていないので一五〇円で注文した。兵庫県、鳥取県でも、食堂で丼物を注文した時、味噌汁がついていなかった。関東では必らず吸い物がついてくる。

「大山でごわす」

21日［淀江町～島根県東出雲町揖屋《いやまち》町　32キロ］。米子に近づくと、大山《だいせん》が正面に見えた。近くにいた老人に「あの山が大山ですか」と確認すると、大河内伝次郎そっくりの声で「そうです」と言ったが、伝次郎だと「あれが大山でごわす」

と答えるだろうなと思った。あいにく雨模様で大山はかすんでいたが、それでも感動してしばらく眺めていた。

高校生のときに志賀直哉の『暗夜行路』を読んだ。時任謙作の名と、謙作が女性の乳房を触り「豊年だ、豊年だ」と言う場面、大山に登るところなどが記憶に残っている。私にとって大山といえば『暗夜行路』だった。大山を見て高校生時代を思い浮かべた。

22日〔揖屋町〜宍道《しんじ》町 27キロ〕。宍道湖の近くに天満神社があったので寄ってみた。京都の天満宮にある牛の彫刻は、大学の合格祈願の生徒たちが手で触るのでピカピカ光っていたが、松江市の天満宮はあまり光っていなかった。京都より訪れる人が少ないからだろう。菅原道真が丑年、丑の日生まれと初めて知った。太宰府の天満宮は有名だが、全国に五〇〇〇社以上の天満神社があるという。

23日〔宍道町〜湖陵町 24キロ〕。雨が降ってきたので雨具のズボンもはいた。

六五はまだまだ若い

途中、斐川生協病院に寄った。ひかわ医療生活協同組合名誉理事長、金森熙《ひろ》隆《たか》先生からメールをいただいていた。金森先生は八六歳。学生時代、反戦活動をして逮捕された経験を持ち、現在も原水協島根県の理事長を務められている。ベトナム戦争の時も反対活動を続けられた。このような立派な方にお会いすると、私たちはまだまだ若いのだから、頑張らねばならないという気持ちになる。病院のロビーで患者さん、職員にベトナム戦争従軍時代のことや徒歩の旅について話をした。先生は国道9号まで出て、見送って下さった。

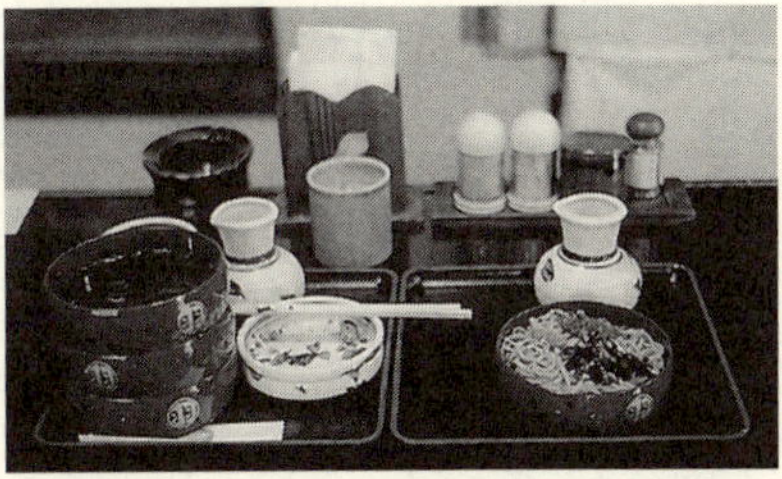

昼食に4枚食べたが，まだ食べたかった
出雲そば(島根県出雲市)

出雲地方は神話の多いところだが、岩屋にかくれた日の女神「あまてらすおおみかみ」や、八岐大蛇《やまたのおろち》を退治した「すさのおのみこと」の絵本を、子どものころに見たことがある。出雲大社に寄ってみたかったが、かなり遠回りになるのであきらめた。

斐伊川の近くに「神々のふるさと」の看板があった。それを読むと、ちょうどいまごろは、日本中の神様が出雲に集っている時のようだ。一〇月を神無月《かんなづき》と呼ぶが、旧暦一〇月に神様が大集合して、会議をするので、出雲だけは「神在月《かみありづき》」と呼ぶ。神様は佐田神社で神事をした後、万九千《まんくせん》神社でお別れの宴を開く。神官が「お立ち、お立ち」と告げると、神様は故郷へ帰る。それを、「神《かん》立《だち》」と呼ぶとのこと。

昼時になり、ちょうど「献上そば」という店が道路沿いにあったので、念願の出雲そばを食べることにした。東京・神田の神保町に昔から出雲そばの店があり、古本屋へ行った時に寄ることがある。「献上そば」で出されたそばも神保町と同じように、そばを入れた小さな器を重ねてあった。三枚重ねを注文した。最初の一枚に、ねぎ、鰹節、ノリなどの薬味を入れて汁をそそぐ、食べ終わると、残った汁を次の一枚に入れて新しい汁と薬味を足す。そのようにして計三枚を食べ、旨かったのでもう一枚追加した。

母への思い　24日［湖陵町〜大田《おおだ》市 25キロ］。昨日泊った湖陵荘では、食事はできないとのことだったので、近くの国民宿舎「くにびき荘」に行った。食堂では、お年寄り仲間で来ている人たちが、談笑しながら食事をしていた。二七年前、六二歳で亡くなった母を思い浮かべ、食堂にいる間、ずっと四人で座っていたお年寄り女性グループを気にかけていた。母も長生きして、友人たちとあのような旅ができたら、どんなに良かっただろうと思った。無銭旅行を計画して、日本を離れ、香港、ベトナムで過ごした五年、母に心配をかけ通しだった。帰国してからも、満足な親孝行もしないうちに亡くなってしまった。本当に悔いが残り、位牌に向かうたびに母に謝まっている。

大田市は駅前の通りに住宅地や小さな商店が並ぶ、こぢんまりとした街だった。

途中、車で待っていた青年に声をかけられた。北海道出発の様子が掲載された月刊誌『BE-PAL』を見た後、ホームページに注目していた。いま出雲大社には縁結びの神様が集っている。好きな女性がいるので、結婚できるよう、大社でお祈りした帰り、とのことだった。長崎から来たとはずいぶん熱心なことだが、そのように一途に思える年齢がうらやましく感じた。走り去っていく自動車を見ながら、彼の願いが彼女に届くことを祈った。

『写らなかったヒロシマの嘘』

25日［大田市〜温泉津《ゆのつ》町 22キロ］。土曜日ということもあって、仕事休みを利用して徒歩の旅を激励に来て下さる方々とお会いした。山口県在住の藤井守さんは、カメラマンの福島菊次郎さんが、今年（二〇〇三年）の七月に出された『写らなかったヒロシマの嘘』（現代人文社）という厚い本を届けて下さった。福島さんは今年八二歳。私の尊敬する大先輩カメラマンである。『原爆と人間の記録』『自衛隊と兵器産業』『公害日本列島』『写真で見る戦争責任』を含め、原発、沖縄、天皇制などをテーマにした作品を発表している。以前、取材現場でよくお会いしたが、現在は山口県柳井市に住んでおられる。

山本伸一さんは、尾道市からオートバイで、西国寺の「健康健脚御守」を持ってきて下さった。松江市の成合《なりあい》明彦さんは、奥さんと一緒に車でみえて、「ビールで頑張って下さい」とビール券をいただいた。私の旅は、多くの人の暖かい心に支えられていることをあらためて感じた。

国道9号からそれた宅野地区は、歴史を感じさせる大きな家が並んでいる。少女二人が歩いていたので、家と少女の風景を撮影した。中学二年生ぐらいの少女が私のリュック姿をけげんな表情で見ていたので、「北海道から歩いてきた」と言うと、「本当ですかあ、わぁーすごいー」と急に明るい顔になった。

少女たちの励まし

私が少女たちと話している時、通り過ぎた自動車が戻ってきて五〇メートルぐらい先に停まり、こちらの様子をうかがっているようだった。最近、少女を誘拐する事件が多いので心配したのかもしれない。少女たちはそんなことはおかまいなしに、携帯電話のカメラで私と並んで写真を撮り合っていた。「がんばって下さい」

と少女たちに励まされて、また歩き始めた。

庭木を手入れしている人がいた。教師のような感じの人だった。「この地域はあまり長くないので良く分からないが」と前置きして「以前、近くに「たたら製鉄所」があり、地域が栄えた。しかし、今は三〇〇戸のうち、人が住んでいるのは二〇〇戸ぐらい。若者はほとんどいない。多くの人が都市に出て、こちらへ帰ってこない」。六五歳以上の人口は全国一とのことだった。村の周囲に若者の働く場所がなく、過疎化していく。徒歩の旅の中で各地で見られた現象のひとつだった。歩道のないトンネルを九つも通って温泉津に着いた。

26日［温泉津町～浜田市下府町《しもこうちょう》 35キロ］。歩行距離が長いので、まだ暗いうちに出発した。島根県の道路状況は良くない。国道9号は歩道のない場所が多い。遠回りになるが、旧道を歩いた。

「下関まで二〇〇キロ」の標識があった。

国道9号　27日［下府町～三隅町　28キロ］。浜田市街を歩き、浜田港へ行くと、港と島を結ぶ橋の形が良いので撮影した。

国道9号を歩いていると、周囲は山ばかりである。平地が少ないので、住宅街、工場も見られない。島根県は人口密度が低いという点では、北海道、岩手に次いで全国三位、食料品、工業製品の出荷が少ない点では、沖縄に次いで二位とのこと。わが故郷沖縄同様、若者の働く場所が少ないのである。コンビニがないので食料を手に入れることができず、三時過ぎ頃、やっと一軒の食堂にたどりつくことができた。

八三年の集中豪雨

28日[三隅町〜益田駅 23キロ]。島根県三隅町の農村、中心街を回った。三隅町は一九八三年七月の集中豪雨で、土砂崩れ、三隅川の決壊で、死者一一一人という惨事が起こっている。当時、私はすぐ三隅町へ行き、現場を取材した。三隅川のすぐ横にあった市街の商店、住宅は、天井まで水と泥につかっていた。山すその農家は崩れた土に埋まり、掘りだされた遺体を消防車の水で洗っていた光景が目に焼きついている。学校の体育館に棺が並び、遺族の嘆き悲しんでいる姿があった。

その時から二〇年が過ぎた現在、市街は落ち着いたたたずまいを見せていた。床を高くした家、一階は車庫にしている家があちこちに建っている。町役場前の家の主人は「災害の時、二階も水に浸ったので、また水が溢れた時は二階だけは守ろうと床を高くした」と

集中豪雨のとき，この一帯も泥で埋まったと語る，
百田ウメさん(島根県三隅町)

語っていた。

　災害当時、三隅橋の柱に、壊れた家の柱や流木がかかり、水がせき止められていた。今、川幅が広げられ、高い堤防が築かれている。

三隅町小野の農家では、柿を収穫していたが、今年八五歳になる百田ウメさんが一生懸命に畑を耕していた。この地域は災害の時「一メートル二〇センチの水と泥でいっぱいになって、いつまでも残っていた」とウメさんはハッキリと当時のことを覚えていた。泥だらけになりながら、家の片付けをしたが、着物はいくら洗っても汚れが落ちなかったという。

　ウメさんは話しながら絶えず明るい笑顔を見せていた。元気の素は、太陽を浴びながら畑作業をすることという。何歳かと聞かれたので六五歳と答えると「若いねえ、ハハ……」と笑っていた。

災害時、三隅町の人口は九七〇〇人。三〇〇〇戸のうち二〇〇〇戸が破壊、家は流出した。町はいま完全に復活している。ウメさんに「若いのだから頑張りなさいよ」と励まされて益田市へ向かった。

途中、激しい雨と風になった。傘が役に立たず、二人の小学生の女の子がずぶ濡れになって歩いていたので、三人で一緒に歩き、雨が激しくなったら家の軒先で雨を避け、小降りになったら歩く、ということを繰り返した。子どもが、風の勢いで狭い歩道から落ちないように気を遣った。交通量が激しいので、歩道からはずれると危ない。二人の子どもが住む地域と学校とはかなり距離があったが、毎日歩いて通学していると聞いて、地方にはそのようなところもあると知った。宿に着くころは暗くなっていた。

29日［益田駅〜山口県須佐駅　28キロ］。いよいよ今日は山口県に入る。鳥取、島根とツワブキと長い間つき合ってきた国道9号と別れ、国道191号に入った。海岸線に沿っていて、歩道状況も良いうえに交通量が少ないので、海の風景を見ながらのんびりと歩いた。

海岸にはツワブキの黄色い花が咲き乱れている。ツワブキは一〇月一六日、諸寄の海岸で初めて目にして以来、各地で撮影してきた。月見草は、秋には私の家の庭でも咲いている。北海道の涼しい夏を歩いている時、コスモスと月見草をあちこちで見て以来、秋を迎えた北陸、中国地方で目にしてきた。今はセイタカアワダチソウ、ススキとともに、このような花たちが私の旅を励ましてくれる。

益田市の戸田小学校に木造の古い校舎があったので、撮影しようと立ち止まった。校舎には子どもたちの姿が見えない。新しい校舎が後ろの方に建っている。子どもたちはそこで授業を受けているのだろうかと考えていると、地区駐在の警官に、小学校をのぞいている「怪しいおじさん」と思われたのか、「どこまで行きなさる」と声をかけられた。

北海道から歩いて旅をして沖縄へ向かうところだと言っても、信じられないような表情だった。そこで私の旅を紹介した今朝の新聞を見せると、背筋を伸ばし「自動車に気をつけて頑張ってください」と態度を改めた。

田万川《たまがわ》トンネルを抜けると、「山口県」の標示があった。嬉しかったので妻に電話をすると、「おめでとう」と言われた。今回は北海道の旅が終わった函館、住居のある長野県から近い糸魚川、そして九州に近い山口県を旅のポイント地域としていた。山口は中国地方というより、私の気持ちの中では九州という感じが強い。

花子さんの「元気の素」

30日［須佐駅～萩市越ケ浜 30キロ］。距離が長いので、朝食を取らずに出発。寒い。道路の温度標識に「気温五度」とあった。一四六九メートルの大刈トンネルには歩道があったので、一五分で抜けることができた。阿武町宇田郷《うたごう》までくると、子どもを背負っているお年寄りと会った。大賀花子さんは八三歳。夫は一九三九年、三一歳で徴兵された。花子さんには二歳の子とお腹にもう一人、子どもがいた。夫は一九四四年、ビルマのインパール作戦で戦死。その後、二人の子を育てるために、定置網を編む仕事など一生懸命に働いた。日雇いの仕事から帰ったあと、夜も畑に作業に行った。成長した長女は嫁ぎ、現在は次女と婿、ひ孫と一緒に住んでいる。

花子さんの「元気の素」は、畑仕事と、海が目の前うしろは山という恵まれた自然環境、娘二人と孫六人、ひ孫一三人の大家族だと言う。一三人目のひ孫、佳乃花《かのか》ちゃんを背負っていた。花子さんの作った野菜は、三分の一は家族用、三分の一は人にあげる、三分の一は売る。その野菜を道の駅で売ってきたという娘の正枝さんが帰ってきた。正枝さんは、

「父が出征した時、母のお腹にいたので父の顔は知りません。でも父を偲ぶためにビルマへ行ってきました」と語る。その旅の中で、故郷の自然の良さを再認識したと語っていた。

◉働くことが元気の素

徒歩の旅の中で、年を重ねて元気に働いている人に出会うと嬉しくなって「あなたの元気の素は何ですか」と、つい聞きたくなる。

北海道苫前《とままえ》町豊浦の浜で海上の昆布を積んだ船に向かって海中をザブザブと歩き、重い昆布を浜に運んでいた工藤仁三郎さんは八三歳だった。二隻の船が交互に昆布を運んでくると、浜で待ち受ける人々が根を切り落とし、海水で洗って干し場へ運ぶ。女性たちが一枚一枚ていねいにわらの上に広げていた。働く男女約一五名は高齢者が多い。

一時ごろまで干した後、苫前漁業組合の作業場へ運ぶ。端を切り品質別に分け、九月に出荷する。

能登清子さんは、沖縄が昆布の消費量全国一位ということを知っていた。「だから沖縄の人は長生きなのねえ」と作業している人が言った。沖縄の女性は長寿一位だが、男性が二六位に落ちたことは知らないようだった。

仁三郎さんは若いころから漁業に携わってきた。体が動くうちは働き続ける、それが元気の素という。健康の秘訣は、ごく普通の生活をすること、とさりげなく言う。妻が、魚、野菜、もちろん昆布も含め、料理に気を配ってくれる。酒、たばこはやらない。健康だからよく眠る

昆布を浜に引き上げる工藤仁三郎さん(右),
能登清子さん(左)(北海道苫前町)

ことができる、この辺の年寄りはみんな元気だよ、とのことだった。

私がいま住んでいる長野県は、長寿、男性一位、女性二位である。

家のすぐ近くの温泉でいつも顔を合わせている人たちに「なぜ長野の男性は長生きなのか」と聞いた。「早く寝るからではないのかな」というのが、みんなの一致した意見だった。その理由のひとつとして、農業、自営業の人、サラリーマンの多くが自家用車を使い、仕事が終わると家に直行する。家の近くには流しのタクシーもなく、飲みに出るのも面倒なので、晩酌をして寝てしまうとのこと。

沖縄の男性が二六位に下がった要因は、本土よりも早くアメリカ型の食生活が入り込んだから、とも言われているが、私は飲み過ぎと運動不足と思っている。那覇市に限らず、沖縄市、名護市など大きな都市の歓楽街は遅くまで営業している。那覇市の歓楽街は午前零時を過ぎても不夜城のように明るい。住居《すまい》がそれほど遠くなくタクシーが遅くまで流しているので、帰宅を気にしながら飲む必要がない。しかもタクシー料金は四六〇円からと安いのだ。復帰前の沖縄では、バーでウィスキーを飲み、料理はあまり食べなかった。復帰後、泡盛の消費量が増すと同時に沖縄料理店が増え、飲みながら料理を楽しむようになり、その分、栄養過多になっている。住居と勤務先が近いので、本土の都市のように長時間、込み合う電車で苦労することもない。運動不足は本土の男性も同じだが、沖縄の男性は飲み過ぎた分は運動する必要があるのではないか。私は、心から故郷の友人たちの体を心配している。

長野県の平均寿命は一九六五年、男性全国九位、女性二六位、脳卒中はワーストワンだった。六七年から五年間、県民の食生活の追跡調査をし、各市町村で食生活の改善、健康診断の受診などに取り組んできた結果、長寿県となったという。いつも利用している床屋さんの妻は、以前は主婦たちが集まると「山盛りの漬物を食べながら、お茶を飲んでいた」と話す。漬物には塩分が多い。県庁の健康増進係の説明では、八〇年、塩分摂取量一日平均一五・九グラムだったが、二〇〇二年は一一・七グラムになったとのこと。

北海道以外でも、歩いている途中で、漁業、農業を続けていることが元気の素という高齢者たちにお会いした。

31日［越ケ浜～長門市駅 34キロ］。萩市街を通る。木戸孝允、高杉晋作の生家を見物した。萩市のはずれから、歩道のない道が続く。二三一メートルの鎖峠を越えた。

インタビュー

峠をおりたところで、山口放送のラジオ番組のインタビューを受けた。生放送の中継で、

「人生の中で何か印象に残った言葉をひとつ」との質問で、「お金にならないことを一生懸命にするのは、最大の贅沢である。私の旅もお金にならないのに、毎日汗を流して歩いているが、とても贅沢な旅をしていると思っています」と答えたが、どうもピンとこなかったようだ。もっとわかりやすく、「夢は、持ち続ければ必ず実現する」と言ったほうが良かったかな。

11月1日［長門市駅～特牛港《こっとい》 32キロ］。七月一五日に宗谷岬を出発してから三ヵ月以上が過ぎ、一一月を迎えた。山ではウルシやハゼの葉が色づき、柿の木も赤い実をつけている。秋も深くなってきたという感じがする。歩いた距離は約二四〇〇キロ。日本の三分の二以上を歩いたことになる。明後日の夜は下関に着く。ゴールの沖縄が見えてきた気持ちだ。

2日［特牛港〜豊浦町小串駅　20キロ］。朝の特牛港に寄ってみた。網でとったというアジの運搬船が着いたところだった。矢玉という漁村に古い橋があったので、標示を見ると、「大正一五年」と書かれてあった。運河には小さな漁船がつながれていた。法事があるのだろう、お坊さんを先頭に親類の人々が歩いている光景は、子どもの頃の日本を思い出させた。

小串の海岸で夕日の落ちる光景を見てから、小串駅近くの宿へ足を運んだ。

本州縦断なる

3日［小串駅〜下関駅　29キロ］。青森から始まった本州の旅の終着地である下関へ向かって出発。明日から九州に入ると思うと、足取りも軽くなる。

一一時一五分、「下関まで二〇キロ」の標示が見えた。一八時過ぎには下関に着くだろうと思った。

私が歩いて来るのを待つようにして、道に立っていた石光洋男さんから、よく冷えた強精ドリンクとウニのビン詰めをいただいた。いつごろ通るかと、事務所の前の通りを気にしていたとのこと。このような言葉は、力強い励ましとなる。

下関到着を祝おうと、ホテルから近い居酒屋に入った。フグの店、高級料理店もあったが、焼肉店以外はいつも居酒屋だった。クジラテキがあったので注文した。子どものころ、鯨肉をよく食べた。どこの魚屋でも、鯨の肉を売っていた。鯨肉が好きなので、捕鯨中止は残念に思っている。尾の身、鯨のベーコンも旨いが、大変高価になっていて、松茸同様、我々の口には入らない。冷えたビールが旨かった。焼酎のお湯割を注文したら、大きな器に入れてきたので、さすが下関の居酒屋、と嬉しくなった。明日のこともあるので、酒はほどほどにして、仕上げにチャンポンを食べた。

第四章　歩きながら考える「平和」――九州・沖縄

11月4日［下関市～福岡県北九州市小倉駅　21キロ］。海峡に沿った道を歩くと、香港を思い出した。下関側から見た門司側の光景は、一九六〇年代の香港に少し似ていた。香港も最近は大きなビルが建ち並び、当時とはずいぶん変わっている。唐戸《からと》市場に入った。国内でも外国へ行っても、市場を見るのが好きだ。市場では、売る人、買う人から生活感が伝わってくる。

関門トンネル

海峡には全長一〇六八メートルの自動車専用の橋があり、一九七三年から営業している。トンネルは一九五八年に完成。上は自動車、下は歩行者と自転車専用となっている。歩行者トンネルは、幅三メートル四四センチ。思ったより狭い。長さは八〇〇メートル。一日平均一〇〇〇人が利用しているとのこと。ジョギングで往復している人が多かった。私は本州から九州へと、いろいろな思いを込めてトンネルを歩いた。エレベーターを上って九州の地に立った。

橋の写真を撮影してから小倉駅へ向かって歩き出した。日本の海の玄関口として栄えた頃の建物が多く残っていた。

ホテルの近くの居酒屋で、九州スタートを祝った。

5日［小倉駅～芦屋町　32キロ］。新聞はいつもコンビニで買っているが、小倉駅を見たかったので、この日は駅で買った。海岸の工場地帯を歩く。雨が降ってきたので、自動車整備場の入り口を借りて完全雨装をした。

気ままな天候

若松地区は石炭が重要なエネルギー源であったころ、筑豊炭鉱の石炭を全国に運び出す港だった。明治の初期は一寒村だったが、石炭とともに大発展して、たくさんの石炭商社、海運会社、商店、料理店などで賑わっていたという。石炭を運ぶ人が休憩したという「ごんぞう小屋」「石炭会館」などが残っていた。

雨が止んでいたので、合羽をリュックにしまって歩き出した。だが五分もしないうちに強い雨が降り出したので、あわてて近くのマンションの階段へかけ込んだ。しばらく様子を見ていたが、止みそうもないので、また完全雨装をした。気ままな天候に腹が立った。

雨は強くなる一方で、結局、宿に着くまで降り続いた。この旅を開始して、北海道の月形―当別間以来の激しい雨だった。日が落ちて、暗くなった道を歩き続けた。体も、リュックも、靴も、びしょ濡れになった。夕食のラストオーダーの時間に間に合うように急いでシャワーを浴び、食堂へかけつけた。

6日［芦屋町～津屋崎町　32キロ］。芦屋競艇場が開催されていた。

犬を連れてポイ捨ての缶を拾っている老人に会った。肩に環境美化大臣のタスキをかけている。岡垣町在住の岡田香さん（八二歳）は、六年前から空缶を拾い始めた。道路がきれいでない、子どもの教育にもよくない、と思ったのが動機。妻と長女を病気で亡くしたので、社会に奉仕するつもりで、今後も続けるとのことだった。

◉ポイ捨て

宗谷岬から六日目の七月二〇日、豊富を出発し天塩に向かっている時から、道路横に捨てられている空缶が気になり始めた。大きなビニール袋も道に横たわっていた。中には空になった弁当、コーヒー缶、お茶のペットボトルなどが入っている。

そこで、一〇分歩いている間にどのくらい捨てられているか数えてみようと思った。

私の歩行距離は、一〇分で約五〇〇メートルになる。第一回目のメモ。空缶一五、ペットボトル四、タバコ空箱六。この日は六回メモをした。天塩大橋を渡って天塩町に入った国道232号線では、コーヒー缶一一、ジュース缶三、お茶缶二、コカコーラ・ボトル缶二、ペットボトル

左：空缶を拾う岡田さん(福岡県岡垣町)．右：我がもの顔のゴミ(北海道幌延町)

四、ジュースボトル一、弁当プラスチック一、タバコ空箱八。七月二三日、初山別から羽幌間。コーヒー缶二三、ジュース缶一、ビール缶一、ペットボトル(水)三、ペットボトル(茶)二、ペットボトル(コーヒー)一、プラスチックカップ(飲むヨーグルトなど)五、タバコ空箱六。

北海道に限らず、全国的にコーヒー缶が目立った。メーカーは缶コーヒーで儲かっているだろうな、と思った。

ポイ捨ては目についたものを数える程度で、道路わきの草むらまでは見ていない。草が枯れた時に調べたら、数はもっと増えるだろう。

ポイ捨ての多い場所は、周囲に人家が少なく、草がたくさん繁っている。少ないところはその逆、ということになる。自動車の窓から投げられた瞬間は一度も目撃したことがないので、夜、または早朝の暗い時に投げるのではないだろうか。

自動車が一時停車して仮眠をとる安全地帯には、ゴミが散乱している。コンビニで買った弁当を食べた後、空缶も一緒にビニール袋に入れて捨ててある。用も足しているようだ。

島根県大田市では朝波小学校四年生が書いた「ぼく達のふるさとをよごすな」の看板が立っていた。木曾路では子どもたちが書いた「おじさん、ここはトイレではありません」「ここはゴミ捨て場ではありません」という看板を見た。

ちなみに、ほかの県でも同様に各地で一〇分歩くあいだ数えたが、その結果のうち空缶とペットボトルのみ下の表のようにまとめてみた。

もちろんポイ捨てがどれくらいの期間にわたっていたものかは分からない。

ポイ捨て調査

月　日	県名	調査地点	空缶	ペットボトル
8月22日	青　森	鰺ケ沢	10	3
8月26日	秋　田	八森町	25	7
9月11日	新　潟	瀬　波	3	5
9月29日	石　川	金沢市	10	3
10月1日	福　井	三国町	34	9
10月9日	京　都	東舞鶴	22	5
10月15日	兵　庫	下　浜	23	4
10月19日	鳥　取	青谷町	7	7
10月25日	島　根	大田市	22	22
10月31日	山　口	萩　市	13	9
11月6日	福　岡	芦屋町	45	16
11月16日	長　崎	東彼杵町	5	1
11月21日	熊　本	松橋町	43	18
11月30日	鹿児島	伊集院町	22	2
12月4日	沖　縄	東村平良	27	5

ポイ捨ては自動車に乗っている人たちのモラルの問題もあるが、おびただしい自販機がありながら、空缶を回収する箱や籠を置いてある店が少ないことも問題だ。売り放しで後は知らない、といった感じを受ける。

ゴミの問題はその国の文化をあらわすひとつの基準になる。以前、スイスとスウェーデンのゴミ処理を調べるグループに同行したことがある。この時は捨てる側でなく、チェーン店を各地に持つスーパーマーケットが、売り手としてどう対処しているかの調査だった。店ではビニール袋を一切使わない。何回でも使える布の買い物袋を客に持ってきてもらう、空ビンは買いとる、という方法をとっていた。買い物袋は店で格安で売っていた。

人が見ていないからと自動車から投げたり、大型ゴミや産業廃棄物を捨てるというのは子どもたちの教育にとってもよくない。このような行為が学校でのいじめ、不登校が増えていることにもつながっていると思っている。いじめ、不登校は、子どもたちが大人を信頼できなくなったことも大きな原因と思うからだ。

7日［津屋崎町〜福岡市博多駅 28キロ］。九州産業大学前を通った。学生たちが大勢歩いていた。少し歩くと、福岡女子大の学生が文化祭のポスター作りをしていた。

久し振りに大都市の真ん中を歩くのも良いものだと思った。福岡市の中央区天神から博多駅へ向かって賑やかな通りを歩いた。リュックを背負っているのは私ぐらいで、都会には似合わない格好だが、誰も振り向きもしない。これが都市である。博多駅前に着いた時は、日は落ちていたが、ビルが明るく輝いていた。

能古島

8日［福岡市博多滞在］。北海道を出発して以来、初めての休日である。これまでも歩行しない日はあったが、原稿を書いていて、歩いている時よりせわしなかった。今回は原稿もない。福岡県は妻の郷里でもある。妻がフィルム、着替えなどを持ってきてくれた。九月二七日、金沢で会って以来なので、能古島《のこのしま》へ行った。

能古島へは、博多駅前などからバスに乗り、約三〇分で渡船場に着く。そこからフェリーで約一〇分。山の上には「能古島アイランドパーク」がある。

島の渡船場にある糸山商店には、九州に来るたびに寄っている。商店の奥に小さな食堂があり、近海で採れた魚が食べられる。奥さんの味付けが素晴らしい。旅が始まって以来、初めて昼間のビールを飲んだ。

能古島をはじめて訪れたのは一九九一年、今は亡くなられた福岡在住の伊藤ルイさんに案内していただいた。ルイさんの両親は大杉栄、伊藤野枝である。その時、店先に見事に赤く蒸されたエビが山盛りにしてあったので、それを買って、灰谷健次郎さんや仲間たちと、ルイさんがつくってきた弁当を野原で食べた思い出がある。

その後一九九三年から一年間、島原に通って普賢岳噴火災害を撮影することになり、その帰りにも糸山商店へ寄るようになった。

私はそうたくさんは飲まないが、酒は人生の友と考えている。とくに、旅先で飲む酒が旨い。それも昼間のビールが良い。だから福岡に着いた時は能古島に行こうと楽しみにしていたのだ。やっと念願を果たし、満足だった。

定年後の人生

9日［博多駅〜筑紫野市二日市駅　26キロ］。朝日新聞の溝越賢カメラマンと一緒に歩く。久し振りに後輩と写真の話をして楽しかった。それにしても私の同輩、後輩カメラマンも定年退職が続き、知人が少なくなっていくことは、寂しい限りである。私も新聞社を退社して二〇年近くになる。

定年後、どのような人生を送るか、人それぞれの考え方があるだろう。それまで勤務してきた会社の経験を定年後に生かしていけるかどうか、これは会社の勤務内容によっても違いが生じてくるだろう。新聞社、出版社に勤め、定年間近の友人には、もしジャーナリストとしての仕事を続けていこうと考えているのであれば、定年まで待たず、一年でも半年でも前に退社した方が良いと提言している。

理由は二つある。定年を迎えた後では、緊張感が緩んでしまうのではないか。もうひとつは、勤めている時は、部署での仕事をしていれば済んだが、フリーになったら、仕事のセールスもしなければならない。自分より若い編集者を相手に売り込んでいくのは精神的にも疲れる。それを支えるのは、仕事に対する情熱である。在社中には素晴らしい仕事をしていた人が、定年後、落ち着いてしまっている様子を見るにつけ、残念に思うことがしばしばある。もちろん、悠々自適の生活も素晴らしいと思うが、高齢化社会の現在では、将来の対応を早めた方が良いように思う。

太宰府天満宮へ寄り名物「なで牛」を撮影して、ホテルへ向かった。

10日「二日市駅〜久留米市　27キロ」。歩いている時に雨が降ってきた。ちょうどその時、車で私を探しにきていた妻と妻の姉の節子さんが追いついた。このような応援は嬉しい。昼食時だったので、近くのファミリーレストランに入り、食事の間に私は完全雨装をした。雨の中、節子さんは車で、国道3号に歩道があるかどうか見に行ってくれた。

鳥栖《とす》市から再び福岡県の久留米市に入った時は暗くなっていた。筑後川に架かる久留米大橋の上から、久留米市の夜景を撮影した。久留米市のパチンコ店のネオンがキラキラ光っていた。

トイレ利用

11日「久留米市〜佐賀県佐賀市　28キロ」。筑後川に架かる豆津橋を渡ると、国道264号は川に沿っているので土手の道を歩く。川原のススキが枯れて秋の深まりを感じさせる。一一時三〇分、筑後川とわかれて三根町に入った。

三根町役場でトイレを借りた。次の千代田町役場のトイレも使用したが、旅の中でトイレには気を使う。実にいろいろな場所を借りた。いちばん多かったのはコンビニである。

コンビニのトイレは客のためにあるのだから、遠慮はいらないが、使用後はいつも何かを買っている。デパート、大型スーパー、ホームセンターなども利用する。私は大きなリユックを背負っているので、登山をしている人とよく間違われるが、その姿でデパートの中をウロウロと歩いていると、お客にけげんな顔で見られることもある。

駅も利用価値は高い。特に線路に沿って歩いている時は、次の駅まで行けばトイレがあるという安心感がある。駅は、今自分がどこを歩いているか、電車に乗るとどこまで行けるかなどを想像したりして、楽しい場所でもある。町役場では、住民票などを発行する場所の前をリュックを背負って歩いていくこともある。

鳥取県のガソリンスタンドではトイレを借りた後、新聞で見たといって色紙を頼まれたこともあった。公園のトイレも利用する。国道を歩いていて、コンビニやガソリンスタンドなどが見つからない時、横道にそれて人目のつかない場所を見つける。

稲刈り風景を撮影しようと水田地帯を歩いている時は、どこからも見通しが良いので困った。弱ったなと思って、近くの住宅地に入っていくと建築事務所の前にいた人に「テレビで見ました。お茶でも飲んでいきませんか」と誘われた。ちょうど良かったと、早速、トイレを借りた。

一日、平均一〇時間は歩いているので、トイレの問題は大切なことなのである。

佐賀市街に入る頃は暗くなっていたが、中央通り並木にはイルミネーションが輝き、年の瀬が近づいてきたことを感じた。一本一本の木に子どもたちの描いた大きな絵が飾られ、ライトで照らされて賑やかさを増していた。夏にスタートした旅も、秋から冬となり、移り行く季節を感じる。

12日［佐賀市滞在］。いくつかの原稿があったので、歩行を休んで、終日、ホテルで原稿を書いていた。

子どもの好奇心

13日［佐賀市〜武雄《たけお》市　32キロ］。昨日は日中、雨が降っていたが、今日は快晴である。市役所前の通りの道路では、落ちたイチョウの葉を掃除している光景があちこちで見られた。

武雄市に向かう国道34号は昔の長崎街道と重なっている。旧道を歩くと当時の面影に触れることができる。横辺田《よこべた》代官所跡があった。佐賀藩主鍋島治茂の直轄地であったと記してある。

国の重要文化財に指定されている「土井家住宅」もあった。一九世紀前半に建てられたと推定される、と書かれていた。一三七三年に彫られたという福母《ふくも》地蔵板碑をメモしていると、小学五、六年生ぐらいの男の子が来て「何をしているのですか」と聞いたので、北海道から歩いてきたことを話すと、「すごいな」と感心していた。各地で会った子どもたちも、徒歩の旅には素直に驚きを表わし、どこに泊まるのか、何を食べるのかと質問をする。

日本の子どもたちから、好奇心が薄れてきたと感じていたが、自分の想像を超えたところには、強い関心を持つことがわかった。好奇心が少なくなったのは、テレビ、そのほかによる情報過多で、ひとつひとつの出来事に気持ちが集中できないためかもしれない。

一ノ瀬泰造の母

14日［武雄市滞在］。歩行を休んで、約三〇年前にカンボジアで亡くなった一ノ瀬泰造カメラマンのお母さんを訪ねた。

家は市役所からすぐ近くにある。家の前には川が流れ、近くに公園があって環境が良い。家からは御船山《みふね》が見える。二〇年ぐらい前、一度訪れたことがあったが、到着が夜になり、翌日はほかの取材があって早く出発したので、周囲をよく見る時間がなかった。

母の信子さんは今年八一歳。健在である。前に訪ねた時は、夫の清二さんもいらっしゃ

自宅の庭での一ノ瀬信子さん．お会いしていると，息子を思う母の気持ちがひしひしと伝わってくる

ったが、今は他界して一人で住まわれている。泰造さんは一九七三年、アンコールワットへ向かう途中、消息を絶った。反政府勢力に捕らわれたとの情報が流れ、八二年、カンボジアを訪ねたご両親によって死亡が確認された。

穴のあいたカメラ

私が泰造さんに会ったのは東京だった。七三年、当時、新聞社に勤めていた私を訪ねてきたので、上司の秋元啓一カメラマンを紹介して、泰造さんの撮影する写真の発表方法などについて話し合った。その時、泰造さんは軍服のズボンをはき、今、戦場から帰ったばかりという、生々しい雰囲気を体から漂わせ迫力があった。銃弾で穴のあいたカメラを持ってきていたが、みんなが驚きの目でそのカメラを見ていた光景を思い出す。

その夜、二人で有楽町のガード下にある焼きとり屋「小松」に行って、酒を飲み、いろいろと話し合った。その直後、私は南北に分断されていた北ベトナムへ行き、泰造さんは南ベトナムへ向かった。南ベトナムのクアンチ省が解放勢力側の支配下になり、タクハン川は南北の境界線となっていた。

私はタクハンの北側から南ベトナム政府軍の陣地を眺めたが、おそらく、そこには泰造さんがいたのではないかと想像された。泰造さんはその後、カンボジアへ行き、行方不明となった。

信子さんとは、泰造さんの写真展などで東京と横浜でお会いしている。

泰造さんの本に『地雷を踏んだらサヨウナラ』『遥かなりわがアンコールワット』『もうみんな家に帰ろー!』などがあるが、本の刊行は、信子さんの力によるものが大きい。信子さんは泰造さんのネガを整理し、自分でプリントをした。戦場に青春をかけた泰造さんの生き方は、いまでも若い人々の共感を呼んでいる。

信子さんと会っていると、いつまでも話がつきない。信子さんを通じて、泰造さん、そして私自身の当時の思いを語り合えるからだ。

今回は、ゆっくりと泰造さんの育った武雄市を見て回った。近くに泰造さんが遊んだ御船山がある。市内を川が流れ、落ち着いた良い町である。泰造さんの通った高校があった。

楼門

15日［武雄市〜長崎県東彼杵町《ひがしそのぎ》　25キロ］。ホテルの窓から前の広場を見ると、早朝、暗いうちから中高年の主婦たちが野菜を並べていた。土曜市のようだ。市場へ寄ると、朝は客が少ないのかみんなでお茶を飲んでいたが、リュック姿を見て、どこへ行くのかと声をかけられ、お茶をすすめられた。武雄温泉の楼門を見ておこうと歩いている時に雨が降り出した。楼門は、東京駅を設計・建築した唐津出身の辰野金吾の一九一四―一五年の作という。

温泉街を見て長崎へ向かった。長崎街道当時の古い神社などがある。雨が激しくなったり小降りになったりしている。嬉野《うれしの》温泉街を抜けると、ずっと坂道が続いた。俵坂峠近くに関所跡がある。佐賀藩と大村藩の境界で、特にキリシタン信徒の往来を厳しく取り締まったという。

峠の上に「長崎県東彼杵町」の標示があった。今度は長い下り坂が続く。途中、棚田があり、一昨年(二〇〇一年)行ったフィリピンの棚田を思い出した。薄暗くなりかけた頃、大村湾が見えた。

16日[東彼杵町~諫早《いさはや》市 31キロ]。長崎街道にキリシタン墓碑が二つあった。一つは一六二一年、大村純信藩主時代の弾圧で命を失った、一瀬志ゅ阿《じゅあん》んの墓という。江戸時代の蘭学者、昭和初期の社会主義者など、新しい社会の動きに対する為政者たちの弾圧を考えながら、墓碑を眺めた。

JR大村線の千綿《ちわた》駅のホームのすぐ先は海になっている。写真を撮っていると二人の子どもに声をかけられた。中学一年生の田中工君、小学六年生の野口一明君。二人は竹松《たけまつ》までラジコンを買いに行くという。二人で電車に乗っての小さな旅。楽しいだろうなと思った。子どもから声をかけられるのは嬉しいことだ。諫早駅に入って、ずっと以前の水害を思い出した。近くにいた年配の主婦に聞くと、昭和三二(一九五七)年の七月だったという。本明川が溢れて、この一帯も大きな被害を受けたとのこと。三二年というと、私が高校を卒業した年である。当時、ニュースで大きく報道されたのを憶えている。

普賢岳

17日［諫早市～吾妻《あづま》町　16キロ］。遠くに普賢岳のドームが見えてきた。胸が高鳴り、深い感動がこみあげてきた。今回、福岡－熊本－鹿児島と歩けば日程が一週間短縮できたが、佐賀、長崎と遠回りしたのは一ノ瀬信子さんにお会いしたかったこと、そして普賢岳の姿を見て深江《ふかえ》町に寄りたかったからだった。九一年六月三日、雲仙・普賢岳の火砕流で四三人の尊い生命が奪われ、九月一五日には深江町の大野木場小学校と周辺の民家が焼けた。その後も火砕流、土石流が続き、田畑、民家の被害は広がった。

フリーになっていた私は、深江町の協力で九三年二月から翌年五月まで、復興へ向け懸命に活動する人々を撮影し、写真集にまとめた。その時から一〇年ぶりの再訪だった。普賢岳はまだ遠くに見えている。明後日には麓まで行けそうだ。

18日［吾妻町～島原市　30キロ］。国道251号を歩いていると、干拓地の水門が近くに見えたので、横道に入った。その場所は水門の外で海水が満ちていた。そこで海に沿って水門の内側まで戻り、堤防から中に入って、海水が乾き地肌の見えるところを歩いた。雑草が繁り、シラサギ、ゴイサギなどの水鳥が餌を探していた。吾妻町側から高来《たかき》町側まで、堤防が一直線に築かれているのが見えた。一度破壊された自然は元に戻らない。海は地元の人だけでなくみんなの財産だと思った。

以前、普賢岳災害現場で知り合った長崎新聞の松嶋克廣《かつひろ》カメラマンと合流し、武家屋敷を案内していただいた。

島原市に入った時は日が落ちて周囲は暗くなっていたが、街は賑やかだった。中心地を通り過ぎて島原港まで行った。災害時、深江町を一緒に回ったテレビ長崎の槌田禎子記者やほかの方々と焼酎を飲んだ。

深江町の復興

19日［島原市滞在、深江町取材］。深江町役場の岸本房也さんたちと深江町を回った。一九九一年九月一五日の火砕流で全焼した大野木場小学校は、自然災害がいかにひどいものであったかを多くの人に知ってもらおうと、被災時のままの姿で残されていた。観光バスも訪れるという。私が寄った時も数人が、熱で曲がった窓枠、散乱した机などを見学し、柵の説明板を読んでいた。当時、この一帯は危険地域として立ち入り禁止だった。大野木場小学校と周辺を撮影していた時、近くに火砕流がモクモクと見えたので大変驚いたことを思い出した。

少し離れた場所に斬新な設計の新校舎が建っていて、吉田恭子校長が校内を案内して下

新しくなった大野木場小学校．後方は普賢岳(長崎県)

さった。旧校舎被災後に誕生した児童たちが、明るい校舎の中で勉強していた。

当時を知らない世代も、災害のことは心に深く刻んでいるようだ。

校舎の横に、旧校舎被災記念館の建設が進んでいた。私も当時撮影した校舎や仮設校舎での卒業、入学式の写真などを提供することを約束した。

あのころ建設し始めていた被災者住宅団地が完成し、取材中お世話になった広瀬博一さん一家も住んでいた。「この一〇年、あっという間に過ぎました」と博一さんは語った。被災者たちの再興への歩みは大変なご苦労の連続だったはずだ。

当時まだ小さかった広瀬さんの三人の息子は立派に成長していた。長男の佳剛君は父親の後継者となるべく県立農業大学で学んでいる。島原高校二年の忠祐君はレスリングで国体五位となり、深江中三年の佳将君も相撲部の選手である。

島原市、深江町の目覚ましい復興ぶりに驚き、これこそ日本の国力だと思った。一〇年ぶりに訪ねてそう感じたが、地元の人たちの復興、発展への努力はこれからも続く。

深江町の復興ぶりを見て、懐かしい人々と会って、本当に良かったと思った。

20日［島原市～熊本県松橋《まつばせ》町 27キロ］。八時三五分発のフェリーに乗る。熊本まで三〇分で着く高速フェリーもあるが、乗船を楽しみたいので、六五分かかるフェリーにした。高速フェリーは団体旅行の高校生も乗って満員だったが、こちらは定員六〇〇人のところ、客は一〇人ぐらいしかいなかった。

熊本に着いた。雨が激しくなっていたので、待合室で完全雨装をした。港から国道501号まで五キロぐらいある。道順を教えてくれた人が、どうしてバスに乗らないのかと不思議がっていた。

笑顔であいさつ

午後になると雨は止んだが、またいつ降るかわからないので、蛍光色の派手な雨合羽を着ていた。帰宅中の宇土《うと》市走潟《はしりがた》小学校の児童たちがみんな挨拶をする。撮影状況をメモしていると、五年生の松本洋樹、川口やすたか君が「何をしているのですか？」と声をかけてきた。北海道から歩いてきたというと、「わぁ、すげえ！」と驚いていた。「足は痛くならないですか」と松本君、「僕も歩いてみたいなあ」と、大きいほうの川口君が言った。「君の夢は？」と聞くと、「柔道の選手になって有名になりたい」とのことだったので、努力すれば実現できると励ました。別れる時、二人から、「頑張って下さい」と言われた。

走潟小学校の門の近くに、「あいさつを笑顔でかわす宇土のまち」と書いた看板があった。

21日［松橋町〜八代市日奈久温泉　32キロ］。九州新幹線の建設工事が行われていた。このあたりの国道は歩道がなく、建設工事の大型トラックがひっきりなしに往復しているので、かなり緊張する。

水田で女性たちが並んで作業をしていたので、特別な米の苗かと思ったら、いぐさの苗だった。熊本県はいぐさの産地だが、中国産が輸入され業界も苦しいとのこと。ベトナム戦争が続いている頃、北ベトナムの農村へ行った時、いぐさの収穫とゴザを編む作業を撮影した。ベトナムは都市、農村とも一般家庭ではベッドを使用するが、そのベッドの上に必ずゴザを敷いているのを思い出した。

22日［日奈久温泉～芦北町佐敷《さしき》 13キロ］。私は、一九四三年、両親とともに沖縄から千葉県の船橋市に移住していたが、首里の県立第一師範附属小学校三年生だった兄は、四四年、疎開児童として鹿児島に渡ってきた。

沖縄からの疎開先を訪ねて

その兄を迎えに母と弟と三人で九州へ向かう途中、静岡市が空襲を受け火傷を負った人々が汽車に運び込まれてくる光景、空襲で小倉駅の防空壕に避難したことなどが強く印象に残っている。

日奈久温泉は五九年ぶりだった。沖縄から疎開児童として九州に来た兄を、母とともに迎えに行った時に泊ったところである。温泉に近い日奈久小学校には「沖縄の生徒、千百余名が転校してきた」と記した碑がある。

県立第一師範附属小学校三年生だった兄が泊っていた柳家旅館の堀内堅一さん（六五歳）と姉の中山和子さん（七四歳）は「沖縄の子は、寒さに慣れていないので、手にシモヤケ、アカギレができていた。当時は食料不足で、子どもたちのために農家からサツマイモを集

沖縄の疎開児童が泊った旅館．当時のままの姿を残す（熊本県八代市）

めた。カレーライスにはみんな大喜びでした。荷物は先に届いたが、後でくるはずの子どもたちの船（対馬丸）が沈没したこともありました」。

糸満小学校の児童が泊った「新湯」の波多野徳子さん（六九歳）は「地元の子供と交代で二部授業を受けていました。昨年、当時の方、二〇人が見えていました」。

桑原病院の桑原奥院長（七六歳）は「真栄城正秋君、山城宗亮君、大田潤君が滞在、八代中学校へ通っていた。三人とも大変、まじめでした」。三名のうち一名は亡くなって二人は健在。亡くなった真栄城さんの家族とは現在でも交流があり、妻の忍さん（六七歳）は

「昨年は沖縄へ行き、真栄城さんのお嬢さんに会ってきました」とそれぞれに語った。

今回の旅の中で印象深い日奈久を後に、佐敷へ向かった。

23日［佐敷～水俣市 30キロ］。昨日、日奈久では、山中大樹さんが日奈久小学校や山頭火の泊まった宿などを案内して下さった。山中さんは佐敷まで海沿いに行く丁寧な地図も作って下さったが、日奈久での取材で時間が遅れたので、国道3号を歩いた。

トンネル回避

七〇〇メートルの歩道のない赤松トンネルを歩いている時に、排気ガスのせいかフラフラとした。次の佐敷トンネルは一七〇〇メートル近くある。もし倒れたところに自動車が来たら危険である。佐敷トンネルに近づいた時、ちょうどバスが停まった。バスに乗るのは今度が初めてであった。佐敷のバス停で降りて、旅館まで歩いた。

翌朝、野坂屋旅館の主人田中正一さんに、昨日バスに乗ったところまで送っていただいた。それからトンネルを回避して、海浦漁港から半島を回って佐敷のバス停に着くまで、三時間近くを費やした。バスに乗ることによって生じた、徒歩の道の空白区間を埋めるためである。そのこだわりのために、水俣へ着いた時は暗くなっていた。

水俣病資料館　24日［水俣市～鹿児島県出水《いずみ》市　20キロ］。水俣病資料館に寄った。一九五六年水俣市で水俣病が確認され、一九六八年、チッソ水俣工場の排水による公害病と国が認定した。排水の中に含まれたメチル水銀に汚染された魚を食べた母親から生まれた子どもに、脳、神経などの障害が生じた。

水俣病患者団体がチッソ株式会社と行政に対し補償を要求して裁判闘争となり、一九七三年、患者側が勝利した。水俣病を写真家の桑原史成、ユージン・スミスが撮影し、その写真は私もよく憶えていた。

資料館の中には二人の写真が展示され、写真の訴える力を再認識した。水銀ヘドロがたまっていた水俣湾の一部が埋め立てられ、緑の多い公園となって母親たちが子どもを遊ばせていた。若い母親は水俣病裁判闘争を知らない世代である。時代の流れを感じた。しばらく公園で休憩して、母と子の遊ぶ光景を眺めていた。水俣病で印象に残っているのは一九五九年、ニュース映画社に勤めていた時に見たヨロヨロと歩いている猫の映像だった。漁業被害補償を要求する漁民のデモを警官隊が実力で排除する場面も憶えている。

私も新聞社に入ってから、静岡県田子の浦のヘドロ公害、川崎コンビナートの大気汚染、東京都下のカドミウム汚染、愛知県岡崎市国道1号の自動車騒音公害を現地で取材したことがある。さまざまな公害に対し住民からの抗議が出され、公害裁判も起こっているが、この場合共通しているのは国の対応の遅れである。国は企業、住民のどちらの味方なのだ、と疑いたくなる場合も多かった。

出水のツル

25日［出水市滞在］。早朝五時三〇分、出水市在住の写真家赤尾譲さんと、ツル生態研究者の砂場久江さんが迎えに来て下さった。赤尾さんは一九二四年鹿児島県生まれ、一九六四年、京都在住中に鹿児島に来た折に出水のツルと出会って以来、四〇年、撮影を続けている。一九八一年からは出水に家を借りて住むようになった。

ツルの餌は、麦、米、植物の茎、根、昆虫、小魚など雑食。実ったソラ豆、種としてまいたばかりの小麦など農産物の被害も増えたので、鹿児島県ツル保護会は国の補助を受け、エサ場をつくって毎朝、小麦をまいている。

26日［出水市〜阿久根市 20キロ］。ホテルのロビーで望遠レンズのついたキヤノンを肩から落とした。壊れて当然の状況だったが、カメラは作動したのでホッと胸をなでおろした。望遠レンズが使用できないと、代わりが届くまで撮影に支障をきたす。

カメラを床に落としたのは今回の旅で二度目である。前はレンズの部品が飛んでピントが合わなくなったが、その部分を元の場所に押し込んだらちゃんと撮影できるようになった。いずれの場合も幸運としか言いようがない。

国道3号沿いにある水田のあちらこちらで、餌をついばんでいるツルが見られた。

27日［阿久根市～川内《せんだい》港　25キロ］。ジャーナリストの菊地秀一さんと合流した。菊地さんはアウトドアの本を書いており、以前、私も取材を受け、長野県の霧ケ峰を一緒に歩いたことがある。残念ながら、今日はかなりの雨が降って、菊地さんには気の毒だった。

感動が人生の喜び

28日［川内港～串木野市　25キロ］。昨日の雨が信じられないくらいの快晴だった。一二時四〇分、「門司から三三六キロ」の標示があった。ずっと国道3号を歩いてくれれば二週間ぐらいでここまで来ることができたが、佐賀、島原と寄ったので、一週間ぐらい日程が延びたことになる。

川内市内バスの到着を待つ間、三人の小学生の女の子がカバンをバス停の前に放り出したまま、昔ながらの石けり遊びをしていた。ほほえましい光景だった。最近は子どもたちが外で遊んでいる様子は、あまり見られなくなった。家にはテレビもあるし玩具の種類も豊富だ。勉強もあるだろう。家にいる時間が多くなっている。私たちの子どものころは暗くなるまで外で遊んで、よく大人から「早く家に帰りなさい」と叱られた。

いまの子どもたちは物質的に恵まれている。私たちは貧乏だったのでいろいろなことに対し夢と希望があった。また、周りには自然が溢れていた。スパゲッティを食べたいと思い続け、定時制高校時代に働いて得たお金で、初めてスパゲッティを食べた時の感動は、今でも忘れることはできない。外国へ行きたいと夢見て、二六歳の時に船で香港に着き、夜景を見た時の光景も心に焼きついている。今では、子どもでもスパゲッティを食べることができるし、香港旅行も簡単だ。今は何事においても感動を得る機会が少なくなった。私は、少しでも多くの感動を得ることが、人生の喜びと考えている。旅の中で子どもたちが路傍で遊んでいる風景を眺めることができたのも感動のひとつだった。

遊びの気持ち

29日「串木野市〜伊集院町 20キロ」。右足の薬指が痛む。旅の前に何かにぶつけたような気がするが、鳥取を歩いている頃から痛み始めていた。たいしたことはないが、長く歩いている間に、骨に異常をきたしているのかもしれない。しかし、旅に支障はない。

途中で自動車修理工場の人に声をかけられた。北海道から歩いてきたと答えると、「ホウ」と感心し、「どこまで行く」と聞かれたので「鹿児島まで」と答えると、「鹿児島へ遊びに行くのかね」と言われた。北海道から、歩いて鹿児島まで遊びに行く人がいるだろうかと少しムッとしたが、考えてみれば仕事をしに来たのでもないし、誰かに会いに来たのでもない。旅の動機は「各地の風景を眺めながら歩きたい」という遊びの気持ちが大部分なのだから、彼の言葉はぴったりあてはまることに気がついた。

30日［伊集院町～西鹿児島駅　25キロ］。とうとう鹿児島市街に入った。明日は沖縄へ行く船に乗るから、本土の最終地点である。長い伊敷街道も苦にならなかった。よくここまで歩いてきたなと思った。私は何事にもあまり慎重に行動するタイプではない。考え方も同様で、なんとかなるだろうと、いい加減なところが多い。よくも悪くもこれが自分なのだ、と思ってこれまで過ごしてきた。北海道から履き続けているズボンを替えようかと大型洋服店に入ったが、やはり同じズボンを使うことにした。六キロ近く痩せたのでダブダブになっているが、愛着もある。

西鹿児島の駅が見えた。改築工事をしていた。駅の裏のビジネスホテルに着いた。

早速、コインランドリーで衣類を洗濯した。その後、一階にある食堂でビールを飲み、鹿児島到着を祝った。

12月1日［西鹿児島駅～鹿児島新港　3キロ］。台風の影響で沖縄向けフェリーの出港が心配されたが、電話をかけて確認したところ、予定通りというので安心した。午後、城山、中央公園などを歩いた。その後、港へ向かう。

船の旅が好きだ。歩いている時も解放感があるが、船に乗るとさらにリラックスする。港に着く頃は薄暗くなっていた。桜島が港の向こうに見えた。フェリーの待合室には予想以上に大勢の人たちがいた。一番安い二等を買った。一万二三〇〇円。大部屋にはぎっしりとマットが並んでいる。私の左右にはすでに若者がいた。

出港の時間が迫ってきたのでデッキに出た。一八時、船が動き出した。陽が落ちて、市街の夜景がきれいに見える。いよいよ沖縄に向かうのだ、と思うと感無量だった。港の灯も遠くなったのでロビーに降り、オリオン缶ビールで新しい船出を祝した。

食堂は一八時開始で、閉店一八時四〇分とあわただしい。食後、疲れもあったので、船室に戻り、すぐ眠ってしまった。

出航直後のフェリー船室．まだ，デッキやサロンにいる乗客が多い

2日［フェリー「あかつき」船上～沖縄県国頭《くにがみ》村奥《おく》］。朝五時半頃、奄美大島の名瀬港に着岸した。大勢の人が下船している。その後、徳之島、沖永良部島、与論島の各島に寄ったが、次々と乗客が降りて、沖縄へ行く客はごくわずかしか残っていなかった。

鹿児島—那覇直行船よりも、各島に寄るこの航路の方が面白かった。それぞれの港を見ていると、大量の荷物が動いていた。島での生活の必需品が運ばれているのだろう。五歳の時に沖縄から大阪へ向かったが、途中、名瀬港に寄った。荷物の積み降ろしを船室から眺めていたことをかすかに覚えている。

「タッチュー」を見て実感

夕日を撮影しようとデッキで待っていたが、船はちょうど夕日の落ちる方向に進んでいるので、船首の部分と重なってあまり良く見えなかった。船が西へ航海していることが良く分かった。伊江島で「タッチュー」と呼ばれている城山が見えた時は、北海道から始まった旅も、いよいよ最終目的地の沖縄に近づいたという実感があった。

本部《もとぶ》半島の先端の近くに、将来、沖縄に帰った時に住もうと思って小さな土地を用意してある。土地のすぐ前は砂浜になってその向こうに伊江島があり、海峡を通る船を眺めることができる。今回はフェリーからその土地を眺めると、あらためて良い場所だと感じた。半島の先端にある比嘉商店の前には、毎晩のように土地の人が集って酒盛りをしていて、私も時々、仲間に入れてもらい泡盛を飲む。ちょうどその人たちが一杯やっている時刻だった。

台風の影響で約二時間遅れて本部港に着岸した。とうとう沖縄に着いたのだ。一歩一歩タラップを踏みしめるように降りた。地元の新聞とテレビの取材を受けた後、友人の長男、大城洋平さんの車で、沖縄最北端にある国頭村奥へ向かった。奥の民宿「海山木《みやぎ》」へ着いた時は遅くなっていたので、泡盛のお湯割りを一杯だけ飲み、風呂にも入らず眠ってしまった。

3日［国頭村奥〜同村辺土名《へんとな》 30キロ］。昨夜、民宿へ着いた時は気が付かなかったが、庭には南国の樹木、すぐ近くは海で、周囲の雰囲気がのんびりとしている。ここに一日いて、昼間から泡盛を飲んでいたいなと思った。寝室、居間は清潔で気分が良いし、離れの食堂はわら葺き家で落ち着きを感じた。

民宿の前の橋が国道58号の起点となっており、終点の那覇市まで一二五キロの標示がある。民宿の夫婦に見送られ、朝日新聞の溝越賢カメラマンと一緒に、辺戸《へど》岬へ向かって歩き始めた。奥から辺戸岬までは、山の中の道が続く。歩道も広く、山を流れる新鮮な空気の中で、爽やかな気分で歩くことができる。ウォーキングに最適の道である。

「祖国復帰闘争碑」

辺戸岬には「祖国復帰闘争碑」がある。この岬は沖縄の本土復帰運動の拠点となっていたところである。長い碑文を要約すると「戦争が終わって平和の訪れを信じた沖縄は、一九五二年四月二八日に比准されたサンフランシスコ条約によってアメリカ支配下におかれた。県民の自由と人権を得るための復帰闘争を開始、本土の人々も海上の北緯二七度線まで小舟できて、海上集会を開き、沖縄の人々と連帯を固めた。一九七二年沖縄は復帰したが、基地は強化されている。辺戸岬で聞こえる風の音、波の音は戦争を拒み平和を願う大衆の雄叫《おたけび》だ」。

私も本土復帰闘争を取材している時、辺戸岬に来たことがある。久し振りに辺戸岬の風の音を聞いた。

辺戸岬の近くには二台の観光バスが停まっていた。北海道から来たグループがいた。「沖縄は暖かいですねえ」と、婦人が感心したように言っていた。海の色は青く、荒い波が崖にうちつけられていた。土産品も並んでいる大きなレストランがあり、隣に小さな食堂が二軒。一軒は営業をやめていた。もう一軒で沖縄そばを食べた。味は良かったが、お客が少なくなったと店主が言っていた。観光バスの客は大型店に入り、小型自動車で来る人は、コンビニで弁当を買ってくるようだ。

夕日が東シナ海に落ちようとしていた。遥か向こうには中国大陸が横たわっている。北海道で見た夕日の向こうはロシア大陸。北陸、九州で夕日を見た時は、その先にある朝鮮半島を想像した。

芭蕉布の糸をつむぐ人たち

4日［辺土名～東村《ひがし》平良《たいら》23キロ］。喜如嘉《きじょか》に寄り「芭蕉布会館」で芭蕉布《ばしょうふ》を織るところを見せてもらった。芭蕉には糸芭蕉、実芭蕉、花芭蕉の三種類がある。芭蕉布は糸芭蕉の幹の繊維を糸にし、植物染料で染めて布に織る。布を木灰《もくはい》汁《じる》につけるなど反物となるまで複雑な作業がある。実芭蕉は、私たちが食べているバナナの木のこと。ベトナムではバナナの花も野菜として市場で売っている。ベトナムにいた頃、よくバナナの花のサラダを食べた。

昔、芭蕉布は涼しくて丈夫な着物として多くの沖縄の女性たちが着ていたので、あちこちで織られていたという。今は喜如嘉が「芭蕉布の里」と言われている。

部屋の大きな釜から湯気がたっていた。芭蕉の幹からはがした皮を木灰汁で煮て、繊維をとりやすいようにする「苧炊き《うーだ》」という作業だった。別の部屋では約二〇名の女性たちが「苧炊き」の後の繊維をとりだす「苧引き《うーび》」をしていた。伝統工芸の技術をすでに引き継いでいる人、これから引き継ごうとしている人たちである。みんなが作業している横で、重要無形文化財保持者(人間国宝)の平良敏子先生(八二歳)が台所で茸を切っていた。芭蕉畑に大きなしめじが自然にでてくるようになったので、みんなの三時のおやつに「茸汁」をつくっているとのこと。豚の三枚肉、コンニャクも加えると味の良い汁ができるようだ。

私が帰ろうとすると、「すみませんねえ、お茶も差し上げないで」と言った。

「素敵なおばあちゃん」だ。年をとっても若々しい魅力的な女性にこれまでも会ってきた。一八九九年生れの櫛田ふきさんとは日本ベトナム友好協会主催の集まりの時によくお会いしたが、そのたびに素敵な人だと思っていた。日本婦人団体連合会会長としての任務に信念を持っていることが、気持ちを若くしているのだろう。一九九九年七月、「いわさきちひろ美術館」で久し振りにお会いした時は、ちょうど一〇〇歳だったが、明るい笑顔で、やはり素敵との印象は変わらなかった。ピースボートで何度もお会いした一九二二年生れの伊藤ルイさんも「素敵なおばあちゃん」の一人である。（お二人ともすでに亡くなられた。）さわやかな気持ちになって芭蕉布会館を後にした。喜如嘉は静かな村だ。あちこちで芭蕉の葉が風に揺れていた。

塩屋から国道331号で平良に向かった。西海岸から東海岸へ沖縄を横断することになる。約八・五キロ。塩屋湾が終わると歩道がなくなった。その後は山間の道となる。車の往来はかなりあった。二時間ぐらい歩いて峠の頂上に達すると、太平洋が見えた。宿に着いた時は薄暗くなっていた。本土より陽が落ちるのが三〇分ぐらい遅い。

5日［平良～名護市瀬嵩《せだけ》24キロ］。平良の民宿「島ぞうり」も大変良かった。和室は独立してバス・トイレがついている。渡嘉敷克江さんが民宿を切り回し、夫の宏さんは農業をしている。二人とも素朴な方だった。

ヒルギの群落

平良湾に沿って国道331号を歩く。西海岸の国道58号の周辺と比較すると、東海岸は地味な光景として目に映る。伊是名《いぜな》からは山の中の道路が続いた。

慶佐次《げさし》でヒルギ（マングローブ）の群落を見た。展望台、遊歩道もある。ヒルギを見ていると沖縄はアジアの一部という感じを受ける。ブラジルに次ぎ世界第二位のマングローブ湿地帯、ベトナム最南端カマウ省のウーミンの森を思い出す。枯葉剤で枯れたマングローブもあった。慶佐次のマングローブは緑が濃い。

「海と風の宿」の主人成田正雄さんは、私の姓名の文字を入れた到着祝いのケーキを用意して歓迎して下さった。近所の三線《さんしん》の〝名人〟と〝おばあ〟、宿のスタッフ、そして客も一緒になり、三線を聴き泡盛を飲んでいるうちに、二四時近くになっていた。この時間まで起きていたのは、旅のスタート以来、初めてである。

6日［瀬嵩〜金《きん》武町 22キロ］。朝から雨が降ったり止んだりの天候だった。宿の人々と記念写真を写して出発。宿のスタッフ、ノンちゃん、マンちゃんの二人の女性が同行。車椅子の成田さんは、途中まで車で見送って下さった。浦添《うらそえ》市の浦崎直和さんは飛び入りで参加。途中、東京の沖縄料理店で働いていた竹ちゃん、沖縄タイムスの大城弘明さん夫妻も一緒になり、にぎやかな一行となった。

キャンプ・シュワブの前を通った。入口には自爆攻撃を防ぐためかコンクリート・ブロックが並べてある。キャンプ・シュワブの沖にヘリポート海上基地の建設が予定されている。キャンプ・シュワブには戦車部隊を含め海兵隊約三〇〇〇名が駐屯している。

自爆攻撃対策にコンクリート・ブロックを並べたキャンプ・シュワブ

辺野古《へのこ》の漁港の近くには、ヘリポート建設阻止協議会・命を守る会の監視事務所が、六年前に取材した時の姿のままで残っていた。代表世話人の金城祐治さん、平良悦美さんは建設反対運動を続けている。お二人とも私より年長である。運動を続けるということは心身共に疲れると思う。頑張り続けているお二人に敬意を抱いた。

同行メンバーは私の泊る民宿まで歩き通した。皆さん「沖縄をこんなに歩いたのは初めて」と、歩く楽しさがわかったようだ。

7日「金武町～沖縄市 29キロ」。金武の民宿「盆栽村」は一階が居酒屋、二階が客室、庭は盆栽作りという面白いところだった。金武の中心街からは二キロぐらい離れている。

キャンプ・ハンセンのゲートを撮影した。休日なので車の出入りも少なかった。攻撃に備えてコンクリート・ブロックをゲート近くに置いてある。

キャンプ・ハンセンは海兵第九連隊基地で約五〇〇〇名の兵士が駐屯している。ハンセンの名も、沖縄戦の時に勇敢に闘ったという兵士からきている。キャンプ・シュワブ同様、売店、体育館、娯楽センターなどがある。

ベトナム戦争中、約五五万のアメリカ兵が参加しベトナム各地にアメリカ軍基地があった。私も歩兵師団、第一騎兵師団、海兵師団などの基地へ行ったが、基地の中には、食堂、バー、郵便局、事務室、ランドリーなどがあり、アメリカ兵村ができていた。兵士一万名以上になる師団基地は、ひとつの村や町のようなものである。ベトナム戦争はいつ終わるか分からないので、兵士の宿舎・食堂はテント、簡単な板造りだったが、沖縄の基地には恒久的な建物が建てられている。

基地はいらない

私がアメリカ軍基地の存在に反対している理由はいくつもあるが、そのひとつは、基地は狭い沖縄本島の二〇パーセントを占めて、沖縄に多くの弊害をもたらしていると思っているからだ。

ベトナム戦争に沖縄の基地から兵士や爆撃機が出動し、そのために多くのベトナム人が死傷した。イラク戦争にも兵士、軍用機が参加している。兵士による犯罪も多い。沖縄中央部の要衝にある基地は、沖縄の発展の妨げとなっている。自然を破壊している。フェンスと銃で防衛された巨大な基地が自分たちの島にあるということで、沖縄人の気持ちを傷つけているのだ。私自身も故郷にある基地を見るのは悲しい。

金武町の昼間の歓楽街は、夏のシーズンを終えた海水浴場のようだった。ベトナム戦争中はアメリカ兵でにぎわったバー街も、現在は夜も活気を失っている。

石川市では二〇〇一年に市の主催で写真展をしたことがある。当時、いろいろとお世話になった役所の宮里実雄さんが沖縄市まで同行した。徒歩の旅の特別番組を制作している長野放送スタッフも合流した。

沖縄市に入って島袋善祐さんと一緒に歩いた。善祐さんは私より二年先輩、沖縄戦を体験した反戦地主として反基地運動を続けている。

沖縄市のデイゴホテルには、ゴール到着後、那覇市で催される祝賀会の呼びかけ人、今郁義さん、仲宗根建昌さんを含め一二名の方々が集まっていて、沖縄市到着を祝って下さった。一緒にベトナム旅行をして以来の親しい方々である。本当に楽しい夜だった。

◉日本は豊かなのか平和なのか

平和か、平和でないか――。旅の中で日本は限りなく平和であることをあらためて感じた。戦争がないことは、最高の平和をあらわしている。敗戦後五八年、戦争を体験していない日本人は幸福だと思った。

戦争がないことは、同時に物質的に豊かなことでもある。ベトナム戦争では国土の八〇パーセントを占める農村が戦場になっていた。戦争はベトナムの人にとって三〇年間も続いたので、農業の生産は遅れ、国の工業化も進まなかった。カンボジア、ボスニア・ヘルツェゴビナ、ソマリアも同様である。

アフガニスタンの首都カブール、農村も破壊されていた。イラクもひどい状態になっている。日本は戦争から立ち直った。そして工業が発展し、世界の経済大国になった。いま、バブル経済が崩壊し不況になっているが、それでも戦争状態にある国と比較すると豊かで、平和で、幸福である。戦争している国と比較をされても困るといわれそうだが、戦争を取材したカメラマンとして、そのような国とこそ比較するべきだと考えている。戦争の中では、生きていたくても生きられない。家を壊され、働く場所もない。学校へも行けない。

北海道の牧場では牛がのんびりと牧草を食《は》み、大きな牛舎や住宅が並んで建っていた。狭い狭いと思っていた日本も広々とした場所もあるものだ、と感心した。使われていない牧場や、放置され崩れている牛舎

訓練が終わりくつろいだ雰囲気の自衛隊員(北海道天塩町)

もあった。本州では休耕となっている農地、水田。誰も住んでいない大きな家。さらに、休業している商店、土産店、レストラン、ホテルを見た。

このような光景を見ると、活気がなく、豊かでないように見える。確かに倒産した企業の経営者は大変だろう。リストラなど不景気のあおりを受け、自殺者が増えているとも聞く。しかし、アフガニスタンのカブール市で旧ソ連大使館宿舎に難民たちが集まり、一部屋に三家族一五人以上が住んでいることや、各地にあった難民テント村のことを思うと、立派なホテルが放置されているのは贅沢と感じた。

減反となっている水田や休耕中の畑をもったいないと思う。敗戦後、貧しかった頃の日本は、庭まで畑にしてイモやトウモロコシを植えていた。富山県小矢部市で杉林の麓にある落着いた農村と広がる水田を見たときは、平和で豊かだと心から感じるのだった。

数年前、ベトナムのメコン川の支流を小舟で渡った時、農家の主婦たちが川で洗濯しながら談笑し、横で子どもたちが飛び込んで遊んでいる光景を見た。この人たちの家には暑くても扇風機も冷蔵庫もなく物質的には豊かでないが、精神的にはとても豊かではないだろうか。

昔は日本にも井戸端交流があった。私の子どもの頃は共同水道だったので、母親たちが日常的に水道横で世間話をしていた。現在では、そのような光景が見られなくなっている。家の中に水道があることは便利だが、交流の場が無くなった。昔と比較して便利にはなったが、失われたものも多い。

また、現在の平和が恒久的に続くかどうか不安を感じている。歩いている時に総選挙があった。日中戦争、太平洋戦争の悲劇をくり返さないために制定された憲法第九条を守ろうと訴えていた共産党、社民党が大敗した。私は日本の民主主義を守るためには、いろいろな政党があった方が良いと考えている。その点、両党の議席が激減したことが心配だ。

日本は世界第二位の軍事費大国だ。アメリカ軍基地を認め、日米軍事協力の安保条約、新ガイドラインや有事法制を決めた。これは時の政府が決めたとしても、その政府を国民が選んだのだから国民が決めたと同じことである。もちろん、反対する人も大勢いるが賛成が上回っている。だからイラクへ自衛隊を送ったのは小泉首相でなく

——日本国民だと思っている。平和で豊かな日本を歩きながら、日中戦争、太平洋戦争の悲劇は日本人の記憶から遠いところにあると感じた。

8日[沖縄市~東風平《こちんだ》町 30キロ]。朝の静かな「パークアベニュー」を歩き、嘉手納《かでな》基地ゲイト前へ行った。銃を肩にかけた兵士が、出入りする自動車を厳重にチェックしていた。しばらく歩いていると、琉球放送を定年退職したカメラマン新里勝彦さんが待っていて、一緒に歩いた。新里さんとは、復帰前後の沖縄取材をしていた頃から何度も現場で顔を合わせていた。

北中城《きたなかぐすく》村役場へ寄り、喜屋武馨《きやんかおる》村長とお会いした。二〇〇二年、北中城村主催で私の写真展を催していただいたので、そのお礼も兼ねての訪問だった。

与那原《よなばる》町に着いた時は一九時半になっていた。この日の宿泊先まで、さらに七キロ歩かなければならなかった。新里さんは、とうとう宿のある東風平町まで同行してきた。大変だったと思う。御苦労さまでした。

ひめゆり祈念館の写真の女性たちは，生存していれば多くの人生を体験できたはずである

平和を学ぶ

9日［東風平町〜糸満市 25キロ］。

朝食は、弁当屋さんで一〇〇円の沖縄そば。発泡スチロールの丼に麵と具が入っていて、自分で魔法瓶のスープを注ぐ。店先の椅子に座って食べたが、なかなか旨かった。最近、このような沖縄そばが各所で売られている。

「沖縄県平和祈念資料館」へ行く。修学旅行の大阪、長野の高校生、平和学習の石川市伊波中学の生徒たちが館内を回っていた。私のベトナム戦争写真集、父石川文一の原作・監督による劇映画『大動乱』のポスターも展示されている。

ひめゆりの塔の前にも、大勢の観光客、修

学旅行生徒が集まり、「ひめゆり平和祈念資料館」は満員の状況だった。沖縄戦の展示を見て、多くの人が戦争の悲劇を知ることは、大変良いことだ。

伊敷《いしき》の轟壕《とどろきごう》に入った。戦争中、多くの人がこの壕に避難し、アメリカ軍の攻撃を受け犠牲となった。壕の中はかなり広く、そして暗い。逃げ込んだ人々の不安な心境を想像した。壕を出た時は一七時になり、六キロぐらい離れた喜屋武岬へ着く頃は暗くなるだろうと思ったが、北の辺戸岬、南の喜屋武岬を結ぶ徒歩の旅と考え、岬へ向かった。

サトウキビ畑の中の道を歩き、岬へ着いた時は一九時になっていた。岬の灯台だけが明るい光を放っている。徒歩日本縦断の旅の締めくくりとなる岬で、しばらく暗い海を眺めていた。

その後、ゴール前夜の宿へ向かって暗いサトウキビ畑を歩いた。

最終日 10日「糸満市～那覇市「パレットくもじ」前 15キロ」。徒歩の旅、最後の日となる。

足どりも軽く宿を出発した。糸満漁港に寄ってみたが、セリは新港で行われるようになったとのことで、ひっそりとしていた。近くの「あんまあ市場」に寄った。「あんまあ」とは、「お袋、かあちゃん」のことである。上原スズさんは八六歳、現役の魚屋さんだ。この道五〇年以上も続けている。元気の素は、店に出て働くことにあるそうだ。灰谷健次郎さん、鎌田慧さんが、自動車で駆けつけて下さった。お二人は親しい友人である。ここまで歩いてきたことを祝ってゴールで待っている、と激励して去っていった。

歩いている途中、通りがかりの人や、自動車に乗った人がわざわざ車を止めて、「頑張って」と言葉をかけてくれた。一時、激しい雨が降ったが、コンビニでしばらく待っていると止んでしまった。

那覇市の中心街が見えてきた。いつも空港からタクシーに乗ってくる時とは、今日は違った光景に見えた。那覇市は他県の県庁所在地と比較して見劣りがしない。「奥」の集落から始まる国道58号の終着地点、明治橋で記念写真を撮ってもらった。ゴール到着予定の一四時までには時間の余裕があったので、ゆっくりと歩いた。

ゴールの「パレットくもじ」前に近づいて驚いた。テレビニュースのカメラが並び、報道関係者、歓迎委員会、見物の人たちが待っていた。一〇〇名ぐらい集まっていたとのこと。

昨年、講演をした那覇商業高校の生徒、歓迎委員会委員長の福地曠昭さん、ベトナム滞

ゴール地点に待っていて下さった人々．懐かしい顔の人たちが大勢いた

在中からの友人澤口徹行さん、他の方々から花束をいただいた。これまでの人生を振り返って一番嬉しい瞬間だった。徒歩の旅を実行して良かった、と心から思った。

到着のセレモニーが終わり、県庁の記者クラブで記者会見があった。本土マスコミ、地元マスコミの人々からの質問と応答で、二時間近くの長い記者会見となった。会見終了後、いったん近くのビジネスホテルに行き、シャワーを浴びた後、報告会と祝賀会の会場となっている青年会館へ向かった。

青年会館では、私の書籍売り場もできていた。会場は満席となり、二〇〇名以上の方々が集まって下さった。スライドを見て旅の経過を報告した後、祝賀会となった。琉球舞踊家の佐藤太圭子さんとお弟子さんが、会を祝う「かぎやで風」を踊って下さった。多くの友人たちと久し振りに会って、私にとって本当に楽しい宴会となった。

このようなことは人生に何度もあることではない。この瞬間を大切にしたいと思った。ゴール到着セレモニー、記者会見、祝賀会、このような催しは、すべて歓迎委員会の今郁義さん、大城弘明さんほかの人々が準備して下さった。報告会からの司会進行は、今さんの妻の秀子さん。友人はありがたいものだと痛感した。

二次会は、海勢頭《うみせ》豊《とゆたか》さんの店のパビリオン。飲んだり歌ったり踊ったり、深夜まで楽しい会は続いた。

終章　三三〇〇キロを歩き終えて

再発見の旅

徒歩の旅が終わって三ヵ月半が過ぎた。五ヵ月間、家を留守にしていたので、その間にたまってしまった仕事や旅の後始末などでなんとなく慌ただしい。旅の中で出会った人の記念写真を送り、礼状も出さなくてはいけないのだが、一度にはできないので少しずつ送っている。返事がくると、その時の旅を懐かしく思い出す。

徒歩の旅で私は何を得たのか。出発前に、「自分を見つめ直す」よい機会だと考えていたが、旅へ出る前と後とで私は何も変わっていない。

歩き始めた頃は、出家したつもりで人生を振り返ってみようと思った。そして、友人、家族、仕事関係者の一人一人について考えたのだが、一日で終わってしまった。一人について考えるのに一〇分もかからない。一日で名前は出つくしてしまった。自分のこともあれこれ考えたが、一時間ぐらいで終わってしまった。大体、私に「自分を見つめ直す」と

ゴール到着．沖縄タイムスの大城弘明さん撮影

いうようなことはできないことが分かった。これが見つめ直したことになるのかもしれない。

歩いている時はあまり物事を考えられないことも分かった。風景を眺め、写真を撮り、ぼんやりと歩く毎日だった。ただ、自分を見つめることはできなかったが、私なりに日本を見ることはできたと思う。その意味で、やはり日本再発見の旅だったといえるだろう。三六枚撮りフィルム三三三本を撮影した。約一万二〇〇〇カットである。今回の旅で見た日本の風景、出会った人々は、このフィルムの中に収められている。

フィルムだけでなく、風景は目の中に、体験は心の中に定着している。だから今後、何かを考える時、この旅が比較対照の基となってあらわれてくると思われる。日本の平和を考える時、アフガニスタンを思い出したように、今後、どこかの国へ行った時、日本の農村、漁村の状況が浮かんでくるのではないか。

断言できるのは「旅をして本当に良かった」ということだ。感動は人生の喜びと考えている。徒歩の旅は感動の連続だった。いろいろな風景を見て、良い人たちと出会い、新鮮な魚を食べ、旨いビールを飲んだ。まさしく天国へ行ってきたような気持ちだ。

健康について

歩くことによって体を鍛えたい、という気持ちもあった。幸い、一度も風邪も引かずお腹も壊さず、ゴールに到着できた。帰ってから健康診断を受けたが、結果として歩くことが健康に良いことが数字で証明された。私は血圧が高く、昨年の三月から血圧の薬を飲み始めた。旅の到着後、薬をもらっている諏訪市の花岡医院で血液検査をした。その結果を聞きに行くと、花岡弘太郎医師は開口一番「完璧です。非の打ちどころがありません。この年齢でこの数字は珍しい」と言って下さった。

出発前の三月一日、成人病検査では血圧、コレステロールほか測定値に異常が見られたが、旅終了後はすべてにおいて基準値となっていた。三月の体重は六八キロだったが、出

出発前と到着後の健康診断結果

項　目	出発前	到着後
白血球数	5.2	7.6
赤血球数	5.43	4.99
ヘモグロビン	16.5	16.1
ヘマトクリット	49.9	46.9
MCV	92	94
MCH	30.4	32.3
MCHC	33.1	34.4
血小板数	17.8	23
GOT	26	21
GPT	26	18
γ-GTP	96	40
クレアチニン	0.76	0.8
総コレステロール	229	198
HDL コレステロール	62	63
中性脂肪	93	106
血糖	107	84
血圧　上／下	182/92	142/82

発当日は七三キロに増えていた。終了後、一二月一五日は六二・二キロだった。

私はすぐ太るので、現在の体重は六四・五キロとなって旅終了直後より二・三キロも増えている。原因は、仕事が重なったためのウォーキング不足である。仕事が落ち着いたら、松本市まで歩こうと考えている。しかし、血圧はさらに下がって一三六／八六になった。

歩いている時、日本縦断をしてみたい、定年になったら歩くつもり、という方に数名お会いした。私は歩いて良かったと心から思っていたので、九九パーセント、日本縦断に賛成の気持ちとお伝えした。何故、一〇〇パーセントにしないかというと、歩道のない道路がかなりあるからだ。事故に遭ったら元も子もない。でも、毎日の生活のなかでも交通事故の危険は皆無とは言えないのだから、歩きたいと思われている方には実行することをお薦めする。

美しい国

日本は美しい国である。北海道から沖縄まで細長いので、温度、地形に変化がある。日本海側を歩いているだけでも、平野、海、山、川と風景が変わる。七月一五日、宗谷岬を出発した時は夏なのに一二度と寒かったが、冬の一二月一〇日、那覇に到着した日は二二度と暑かった。新潟で見た時は青く小さかった柿の実が、歩いている間に島根では赤く熟し、鹿児島ではわずかな実が枝についていただけだった。

北海道のどこかの役場で、歩く人のために道路にベンチを置いたらどうか、という案がでたが、歩行者が少ないので税金のムダ使いになる、と取りあげられなかったという。

確かに、今は歩いて旅をしている人は少ない。出会ったのは愛媛まで歩くという三四歳の男性だけだった。でも、朝、ウォーキングをしている人を各地で目にした。日本ウォーキング協会で主催するマーチに参加している人も多い。

歩いて楽しい環境を各自治体が整備すれば、歩いて旅をする人はもっと増えるだろう。

それにはまず、歩道の完備である。細くともよいから車道より一段高くなった歩道か、それが難しければ柵をつけてもらいたい。トンネルも同様だ。

次はトイレ。五、六キロおきぐらいに歩行者専用トイレがあると、安心して歩ける。雨、日差しをさける屋根つきのベンチとテーブルがあれば、弁当を食べ、筆記もできる。道の駅をずいぶん利用したが、あくまで自動車を使っている人たちを念頭に建てられている。

アドバイス

日本縦断を実行しようという人へ、私の経験からのアドバイスとしては——

①靴。今回、私が使った五足のうちでは新潟で買った三九〇〇円のウォーキングシューズがいちばん良かった。それほど高級でなくとも五〇〇キロぐらいは大丈夫だ。もちろん、もっと良い靴であればそれにこしたことはない。

②私は一三キロをずっと背負っていたが、荷物はできるだけ少ない方が良い。

洗濯は毎日した。ビジネスホテル、国民宿舎にはコインランドリーを備えてあるところが多い。洗剤も売っているが、コンビニで買っておいた方が安い。民宿、旅館では洗濯機を使わせてくれる。洗濯機がない時、シャツ、下着、靴下は、洗面所か風呂場で洗った。

小さな町には銀行がないので、郵便局のカードも持っておくと便利である。

眠る場所を決めるのは大変だが、どのような旅をするのかで変わってくる。①テント持参か、②バス停、駅、道の駅などを利用するか、③友人宅に泊るか、④すべて宿泊施設を利用するか。①から④を併用するか。

私は普通の宿にしか泊らなかったが、併用も魅力があるので、次はそのような旅をしてみたいとも思う。今回は出発前に一日の歩行を三〇キロとして宿泊地を決めるというまことに大雑把な計算で、そこに宿があるかどうか、事前調査もしなかった。だから出発後、妻に宿を探して手配してもらうことになってしまった。そのうえに、しばしばコースを変更した。コースをしっかりと決めて目的地に宿があるかどうか事前に確かめておくことは当然だ。目的地に宿があるとは限らないし、むしろない場合の方が多い。宿のあるところが目的地となるので、一日の歩行距離が変わってくる。私はパソコンが扱えないので妻に頼んだが、ノートパソコンを持っていれば旅先で自分で調べる事ができる。

妻によると、インターネット上には載っていても営業をやめたり、シーズンオフで営業休止の旅館、民宿がかなりあったとのこと。ユースホステルのカードを持っていたが、私の歩くコースにユースホステルは一軒しかなく、あってもコースからはずれていた。国民宿舎、厚生年金や国民年金の宿舎は設備が良いので大いに利用した方が良いと思う。二六万分の一の道路地図しか持たず、磁石も持っていなかったが、道路標識がしっかりしているので困らなかった。分からない時はどんどん人に道を聞いた。

先日、友人から「君すごいことをしたなあ」と言われた。でも、私自身すごいこととはまったく思っていない。なぜなら、のんびりと風景を見ながら楽しい旅をしていたからだ。つらいけど歩き通そうなどの悲壮感は少しもなく、旅館で毎晩旨い料理を食べて酒を飲み、自分だけこんな贅沢な旅をしていて良いのかなあ、と妻に申し訳ないと思っていたぐらいだ。

だから旅が終わってからも精神的、肉体的に疲労感は残らなかったので、またどこかを歩きたいと思った。いま仕事があるので出られないが、すぐにでも四国の巡礼地へ行きたい気持ちだ。桜の季節の遍路は楽しいだろうと思う。

私はカメラマンなので、シャッターを押している時に生き甲斐を感じる。でも、戦場での撮影は気が重い。もう若くはないので、楽しく写真を撮りたい。今回は旅を楽しみながら撮影ができるという二重の喜びを感じた。

芭蕉は歳月は旅人であると言っているが、『奥の細道』は人生の旅と実際の旅とのなかから生まれている。山頭火の句も旅と人生を詠んでいる。その点においては私たちカメラマンも似たところがある。

自分自身を例にとれば、私の写真集は、これまで戦場も含めてアジア、ヨーロッパ、アフリカほか世界の旅の中で撮影した写真で構成されている。人生のなかの一時期の旅だったので撮影年代もそれぞれ異なっている。

人生の旅はつづく

新しい体験も人生の旅のひとつと考えている。日本縦断は六五歳の旅、六四歳の時はアフガニスタンへ行った。六六歳は二つの大学で集中講義を持つが、これも旅である。六七歳に何をするかまだ決めていないが、世界地図を開くと歩いてみたいと思うところがたくさんある。スペイン最南端のアルヘシーラスからヨーロッパ各国を放浪し、デンマークまで行ってみたい。アフリカ横断も面白そうだ、と夢は広がる。

日本を縦断したことで、世界徒歩の旅が身近に感じられるようになった。

徒歩の旅は楽しいが、やはり私は報道カメラマンなので世界の動きにも関心がある。昨年、イラク戦争が始まった時、現地へ行かなければと思った。しかし、長年の夢である徒歩の旅を優先させた。歩いている時もイラクのことが気になっていた。現地の状況は悪くなるばかりである。

日本人を含め民間人の人質事件や拘束は心が痛む。時期を見てイラクへも行き、アフガニスタンも再訪したい。ベトナム、カンボジアの現状も取材したい。

楽しみながらの徒歩の旅と報道を両立させながら、人生の旅を続けたいと思っている。

日本縦断徒歩の旅は、一種、特別な旅、めぐまれた旅であったかもしれない。多くの人々の励ましによって達成できた。旅の途中、メールを下さった人、駆けつけて声をかけて下さった人、徒歩の旅を報道して下さったメディアの方々、そして各地で出会った地元の人々。本当にありがとうございました。本が刊行できたのは岩波書店の渡辺勝之さん、坂巻克巳さんのおかげです。お礼申し上げます。

石川文洋

1938年沖縄県那覇市首里に生まれる．1964年香港のスタジオ勤務．1965年1月～68年12月ベトナムに滞在．アメリカ軍，南ベトナム政府軍に同行取材．帰国後，朝日新聞出版局のカメラマンとなる．1984年からフリーの報道カメラマンとして活躍．日本写真協会年度賞，JCJ特別賞，市川市民文化賞などを受賞．おもな著書に『戦場カメラマン』(朝日文庫)『写真記録ベトナム戦争』(金曜日)『写真は心で撮ろう』(岩波ジュニア新書)『石川文洋のカメラマン人生』(樫文庫)『戦争はなぜ起こるのか―石川文洋のアフガニスタン』(冬青社)『死んだらいけない』(日本経済新聞社)など多数．

石川文洋公式ホームページ
http://www6.plala.or.jp/zassoan/

日本縦断 徒歩の旅　　岩波新書(新赤版)891

2004年5月20日　第1刷発行
2006年5月25日　第8刷発行

著　者　石川文洋《いしかわぶんよう》

発行者　山口昭男

発行所　株式会社 岩波書店
〒101-8002 東京都千代田区一ツ橋2-5-5
案内 03-5210-4000　販売部 03-5210-4111
http://www.iwanami.co.jp/

新書編集部 03-5210-4054
http://www.iwanamishinsho.com/

印刷製本・法令印刷　カバー・半七印刷

ISBN 4-00-430891-7　Printed in Japan

2008.12.2

岩波新書新赤版一〇〇〇点に際して

ひとつの時代が終わったと言われて久しい。だが、その先にいかなる時代を展望するのか、私たちはその輪郭すら描きえていない。二〇世紀から持ち越した課題の多くは、未だ解決の緒を見つけることのできないままであり、二一世紀が新たに招きよせた問題も少なくない。グローバル資本主義の浸透、憎悪の連鎖、暴力の応酬——世界は混沌として深い不安の只中にある。

現代社会においては変化が常態となり、速さと新しさに絶対的な価値が与えられた。消費社会の深化と情報技術の革命は、種々の境界を無くし、人々の生活やコミュニケーションの様式を根底から変容させてきた。ライフスタイルは多様化し、一面では個人の生き方をそれぞれが選びとる時代が始まっている。同時に、新たな格差が生まれ、様々な次元での亀裂や分断が深まっている。社会や歴史に対する意識が揺らぎ、普遍的な理念に対する根本的な懐疑や、現実を変えることへの無力感がひそかに根を張りつつある。そして生きることに誰もが困難を覚える時代が到来している。

しかし、日常生活のそれぞれの場で、自由と民主主義を獲得し実践することを通じて、私たち自身がそうした閉塞を乗り超え、希望の時代の幕開けを告げてゆくことは不可能ではあるまい。そのために、いま求められていること——それは、個と個の間で開かれた対話を積み重ねながら、人間らしく生きることの条件について一人ひとりが粘り強く思考することではないか。その営みの糧となるものが、教養に外ならないと私たちは考える。歴史とは何か、よく生きるとはいかなることか、世界そして人間はどこへ向かうべきなのか——こうした根源的な問いとの格闘が、文化と知の厚みを作り出し、個人と社会を支える基盤としての教養となった。まさにそのような教養への道案内こそ、岩波新書が創刊以来、追求してきたことである。

岩波新書は、日中戦争下の一九三八年一一月に赤版として創刊された。創刊の辞は、道義の精神に則らない日本の行動を憂慮し、批判的精神と良心的行動の欠如を戒めつつ、現代人の現代的教養を刊行の目的とする、と謳っている。以後、青版、黄版、新赤版と装いを改めながら、合計二五〇〇点余りを世に問うてきた。そして、いままた新赤版が一〇〇〇点を迎えたのを機に、人間の理性と良心への信頼を再確認し、それに裏打ちされた文化を培っていく決意を込めて、新しい装丁のもとに再出発したいと思う。一冊一冊から吹き出す新風が一人でも多くの読者の許に届くこと、そして希望ある時代への想像力を豊かにかき立てることを切に願う。

（二〇〇六年四月）

岩波新書より

随筆

ディアスポラ紀行　徐　京植
子どもたちの8月15日　岩波新書編集部編
働きながら書く人の文章教室　小関智弘
シナリオ人生　新藤兼人
老人読書日記　新藤兼人
弔辞　新藤兼人
怒りの方法　辛　淑玉
メルヘンの知恵　宮田光雄
伝言　永　六輔
嫁と姑　永　六輔
親と子　永　六輔
夫と妻　永　六輔
商(あきんど)人　永　六輔
芸人　永　六輔
職人　永　六輔
二度目の大往生　永　六輔
大往生　永　六輔

都市と日本人　上田　篤
活字の海に寝ころんで　椎名　誠
活字博物誌　椎名　誠
活字のサーカス　椎名　誠
山を楽しむ　田部井淳子
エノケン・ロッパの時代　矢野誠一
四国遍路　辰濃和男
文章の書き方　辰濃和男
未来への記憶 上・下　河合隼雄
蕪村　藤田真一
現代〈死語〉ノートII　小林信彦
愛すべき名歌たち　阿久　悠
書き下ろし歌謡曲　阿久　悠
ダイビングの世界　須賀潮美
新・サッカーへの招待　大住良之
日韓音楽ノート　姜　信子
書斎のナチュラリスト　奥本大三郎
干支セトラ、etc.　奥本大三郎
現代人の作法　中野孝次
日本の「私」からの手紙　大江健三郎

あいまいな日本の私　大江健三郎
沖縄ノート　大江健三郎
ヒロシマ・ノート　大江健三郎
日記 十代から六十代までのメモリー　五木寛之
戦後を語る　岩波新書編集部編
命こそ宝 沖縄反戦の心　阿波根昌鴻
会話を楽しむ　加島祥造
白球礼讃 ベースボールよ永遠に　平出　隆
光に向って咲け　粟津キヨ
戦中用語集　三國一朗
尾瀬 山小屋三代の記　後藤　允
森の不思議　神山恵三
わたしの山旅　槇　有恒
南極越冬記　西堀栄三郎
羊の歌　加藤周一
彼の歩んだ道　末川　博
知的生産の技術　梅棹忠夫
モゴール族探検記　梅棹忠夫
論文の書き方　清水幾太郎

日本史

日露戦争の世紀	山室信一
戦後史	中村政則
象徴天皇制への道	中村政則
博物館の誕生	関秀夫
BC級戦犯裁判	林博史
明治デモクラシー	坂野潤治
環境考古学への招待	松井章
源義経	五味文彦
江戸の旅文化	神崎宣武
大黒屋光太夫	山下恒夫
日本人の歴史意識	阿部謹也
明治維新と西洋文明	田中彰
小国主義	田中彰
新選組	松浦玲
飛鳥	和田萃
奈良の寺	奈良文化財研究所編
龍の棲む日本	黒田日出男
西園寺公望	岩井忠熊
日本の軍隊	吉田裕
昭和天皇の終戦史	吉田裕
地域学のすすめ	森浩一
植民地朝鮮の日本人	高崎宗司
検証 日韓会談	高崎宗司
聖徳太子	吉村武彦
日本の近代思想	鹿野政直
日本が「神の国」だった時代	入江曜子
漂着船物語	大庭脩
博多	武野要子
東西／南北考	赤坂憲雄
思想検事	荻野富士夫
国定忠治	高橋敏
江戸の見世物	川添裕
王陵の考古学	都出比呂志
日本文化の歴史	尾藤正英
熊野古道	小山靖憲
冠婚葬祭	宮田登
日本の神々	谷川健一
日本の地名	谷川健一
瀬戸内の民俗誌	沖浦和光
竹の民俗誌	沖浦和光
戦争を語りつぐ	早乙女勝元
稲作の起源を探る	藤原宏志
南京事件	笠原十九司
裏日本	古厩忠夫
高野長英	佐藤昌介
日本の誕生	吉田孝
日本社会の歴史 上・中・下	網野善彦
日本中世の民衆像	網野善彦
絵地図の世界像	応地利明
安保条約の成立	豊下楢彦
平安王朝	保立道久
古都発掘	田中琢編
考古学の散歩道	田中琢 佐原真
神仏習合	義江彰夫
日本近代史学事始め	大久保利謙

世界史

- 奇人と異才の中国史　井波律子
- カラー版 古代エジプト人の世界　村治笙子 仁田三夫写真
- 古代オリンピック　桜井万里子 橋場弦編
- スコットランド 歴史を歩く　高橋哲雄
- ドイツ史10講　坂井榮八郎
- ナチ・ドイツと言語　宮田光雄
- 古代ギリシアの旅　高野義郎
- ニューヨーク　亀井俊介
- 中華人民共和国史　天児慧
- 古代エジプトを発掘する　高宮いづみ
- サンタクロースの大旅行　葛野浩昭
- 古代ローマ帝国　吉村忠典
- 義賊伝説　南塚信吾
- 中央アジア歴史群像　加藤九祚
- 現代史を学ぶ　溪内謙
- 女帝のロシア　小野理子
- 民族と国家　山内昌之
- アメリカ黒人の歴史〔新版〕　本田創造
- 諸葛孔明　立間祥介
- 中国近現代史　小島晋治 丸山松幸
- ピープス氏の秘められた日記　臼田昭
- ライン河物語　笹本駿二
- インカ帝国　泉靖一
- 中国の歴史 上・中・下　貝塚茂樹
- 魔女狩り　森島恒雄
- スパルタとアテネ　太田秀通
- ヨーロッパとは何か　増田四郎
- ナイルに沈む歴史　鈴木八司
- 世界史概観 上・下　H・G・ウェルズ 長谷部文雄 阿部知二訳
- 歴史とは何か　E・H・カー 清水幾太郎訳

ジャーナリズム

- NHK　松田浩
- 現代の戦争報道　門奈直樹
- 映像とは何だろうか　吉田直哉
- 新聞は生き残れるか　中馬清福
- テレビの21世紀　岡村黎明
- 反骨のジャーナリスト　鎌田慧
- 広告のヒロインたち　島森路子
- ジャーナリズムの思想　原寿雄
- 誤報　後藤文康
- フォト・ジャーナリストの眼　長倉洋海
- 日米情報摩擦　安藤博
- キャッチフレーズの戦後史　深川英雄
- 抵抗の新聞人 桐生悠々　井出孫六
- 写真の読みかた　名取洋之助